Une communauté d'antifascistes allemands dans les Pyrénées Orientales 1934-1937

Allemagne d'hier et d'aujourd'hui
Collection fondée et dirigée par Thierry Feral

L'Histoire de l'Allemagne, bien qu'indissociable de celle de la France et de l'Europe, possède des facettes encore relativement méconnues. Le propos de cette collection est d'en rendre compte.

Constituée de volumes facilement abordables pour un large public, tout en préservant le sérieux et l'érudition indispensables aux sciences humaines, elle est le fruit de travaux de chercheurs d'horizons très variés, tant par leur discipline, que leur culture ou leur âge.

Derrière ces pages, centrées sur le passé comme sur le présent, le lecteur soucieux de l'avenir trouvera motivation à une salutaire réflexion.

Dernières parutions

Didier CHAUVET, *Sophie Scholl. Une résistante allemande face au nazisme (nouvelle édition)*, 2014.
Alexandre WATTIN, *La coopération Franco-Allemande entre Régions françaises et Länder allemands*, 2014.
Marie Antoinette MARTEIL, *Bertha von Suttner (1843-1914), militante laïque, féministe, pacifiste*, 2014.
Christian SPIEKER, *L'Allemagne doit-elle éternellement payer pour ses voisins ?*, 2013.
Ralph KEYSERS, *L'enfance nazie. Une analyse de manuels scolaires (1933-1945)*, 2013.
Ludwig DERLETH, *Poèmes du coran franc*, 2013.
Didier CHAUVET, *Hitler et le pustch de la Brasserie. Munich, 8/9 novembre 1923*, 2012.
Ralph KEYSERS, *Der Stürmer, instrument de l'idéologie nazie*, 2012.
Marie-Laure CANTELOUBE, *Anna Seghers et la France*, 2012.
Jacques MEINE (sous la dir. de), *Edmond Vermeil, le germaniste (1878-1964). Du Languedocien à l'Européen*, 2012.
Evelyne BRANDTS, Rainer RIEMENSCHNEIDER, *Déchirures culturelles, expériences allemandes. Les rapports de civilisations dans l'œuvre de Catherine Paysan*, 2012.

Werner Thalheim

Une communauté d'antifascistes allemands dans les Pyrénées Orientales 1934-1937

La Coûme-Mosset

Présentation de Madeleine Claus
Postface de Barbara Thalheim

L'Harmattan

5-7, rue de l'Ecole-Polytechnique, 75005 Paris

http://www.harmattan.fr
diffusion.harmattan@wanadoo.fr

ISBN : 978-2-343-03403-4
EAN : 9782343034034

Présentation

La Coûme – d'un refuge pour antifascistes allemands vers une école internationale dans les montagnes catalanes

Madeleine Claus

Cette terre entre la Méditerranée et les Pyrénées a vu s'échouer bien des destins à l'époque des troubles majeurs en Europe au XXe siècle. C'est ainsi que Walter Benjamin, le philosophe allemand, a essayé d'échapper à l'étau fasciste qui se resserrait autour de lui après l'occupation allemande d'une moitié de la France et la collaboration avec les nazis dans l'autre moitié. A Port-Bou, le premier village espagnol après la frontière, il s'est donné la mort. Il y est enterré aujourd'hui. Antonio Machado, le grand poète espagnol, fuyait le fascisme dans la direction opposée : arrivé épuisé à Collioure, à quelques kilomètres de la frontière, il y est mort quelques jours après. A l'instar de ces deux illustres personnages, cette région était devenue terre de passage vers l'exil ou destination finale d'une fuite désespérée pour de nombreuses personnes – des milliers en ce qui concerne les républicains espagnols.

Pitt Krüger avait fui l'Allemagne nazie à la même époque que Walter Benjamin, peu après l'ascension de Hitler et des national-socialistes au pouvoir fin janvier 1933. Né à Cologne en 1904, jeune instituteur en poste à Potsdam et pédagogue avant-gardiste, social-démocrate et pacifiste engagé, il est dès mars 1933 exclu de l'enseignement et mis à la porte de son logement berlinois. Avec son épouse Yvès, originaire de Genève, et leur fille Jamine âgée de deux ans, ils campent durant tout l'été dans les forêts autour de Berlin. Mais à l'arrivée de l'automne, la famille doit trouver une autre solution. Pitt, avec l'aide du père d'un de ses élèves, arrive à obtenir un visa de sortie et – à la différence de Walter Benjamin qui s'installe à Paris – part dans le sud de la France où des amies quakers anglaises, Edith Pye et Hilda Clark, l'ont chargé de chercher un lieu approprié afin de mettre en place une institution d'accueil pour les émigrés allemands. Les quakers, un mouvement issu du protestantisme et fondé en Angleterre au XVIIe siècle, appelé aussi « Société des amis », sont dès cette époque mobilisés de façon exemplaire pour venir en aide aux réfugiés politiques de toute provenance. Dans les montagnes entre Perpignan et la frontière espagnole déjà marquées par la désertification rurale, Pitt découvre le mas de « La Coûme » - ce qui en catalan désigne une vallée avec une seule issue vers l'aval -, une ferme du XVIIIe siècle, abandonnée, entourée d'un domaine d'environ 70 ha sur la commune de Mosset, à environ 16 km de Prades, sous-préfecture des Pyrénées Orientales. Il y a à peu près 2 ha de terre cultivable et des landes. Très vite, les futurs occupants des lieux vont se rendre compte que l'abandon de la ferme a probablement une raison : le manque d'eau ! Un petit ruisseau constitue la seule source d'arrosage et comme le souligne Werner Thalheim dans son texte, le problème de l'eau est crucial dans ces contrées.

Yvès et Jamine rejoignent Pitt en novembre 1933. Dans un premier temps, La Coûme n'est pas habitable. Les quakers, qui vont pendant un long moment accompagner cette aventure, mettent sur pied un petit groupe composé de réfugiés allemands : quatre hommes et une femme rejoignent la famille Krüger pour remettre en état la vieille ferme en six mois. Pendant ce temps, tous sont logés dans une maison du village prêtée par Benjamin Vernet, curé à Mosset de 1917 à 1935, et dont Werner Thalheim dresse un portrait pittoresque. Fin avril 1934, après des mois de travail acharné, tous emménagent enfin à La Coûme. Difficile de connaître aujourd'hui les détails de ces débuts. Apparemment, une partie des compagnons des premières heures abandonne très tôt l'expérience collective. Malgré la beauté grandiose de la nature, l'adaptation à cette vie rude n'est pas facile pour ces intellectuels et citadins qui ont fui l'Allemagne : « Je préfère encore mourir de faim sur un grand boulevard en ville que de manger à ma faim ici, dans cette nature, loin de la civilisation. » Tels étaient leurs propos, selon Pitt, quand ils quittèrent La Coûme au bout de quelques mois, malgré le danger de plus en plus menaçant et l'avenir incertain qui, à cette époque, les attendaient ailleurs. Mais Pitt et Yvès tiennent bon.

C'est à ce moment que Werner Thalheim a rejoint La Coûme. Aux côtés du couple Krüger on trouve aussi « H. », ce maçon hambourgeois qui quittera la ferme suite à un désaccord profond avec Pitt. Par la suite arrive un autre couple. Le récit de Werner Thalheim nous dépeint en détail le quotidien de cette vie rurale qui, pour tous les membres du groupe, ne représente pas seulement une épreuve physique mais aussi l'exil avec toute sa charge psychique.

Werner Thalheim a probablement quitté La Coûme au début de 1937. A travers son récit se fait sentir ce qui caractérise ce lieu depuis toujours et jusqu'à aujourd'hui : la culture de l'accueil. Dès l'été 1934, un groupe de jeunes Anglais avait été accueilli à la ferme. En 1936, l'accueil international étant devenu une tradition, La Coûme s'inscrit logiquement dans la mouvance du moment, avec le Front populaire, la politique de développement des loisirs éducatifs et le mouvement des Auberges de Jeunesse Internationales. Pitt et Yvès, tout citadins qu'ils étaient, avaient été séduits en Allemagne par les mouvements comme le *Wandervogel* (« oiseau migrateur ») [1] auxquels toute une frange de la jeunesse allemande, qui allait en partie rester réfractaire au nazisme, adhérait de façon fervente. Pitt en fut un membre actif pendant sa formation, et il avait forgé à cette époque des amitiés solides pendant ses itinérances à travers l'Allemagne. Le mas de La Coûme sera l'une des toutes premières Auberges de Jeunesse du sud-ouest de la France. Mais la guerre civile qui ravage l'Espagne si proche et la tragédie européenne de la Seconde Guerre mondiale frapperont bientôt de plein fouet ce nouvel équilibre retrouvé.

Entre janvier et février 1939, environ 500 000 républicains espagnols traversent – le plus souvent à pied et dans des conditions d'épuisement total – la frontière franco-

[1] *Wandervogel* : mouvement né en 1896, intégré par force dans la *Hitlerjugend* (Jeunesse hitlérienne) en 1938.

espagnole. Le grand poète espagnol cité plus haut, Antonio Machado, meurt quelques jours après son arrivée à Collioure. La plus grande partie de ses compatriotes va être parquée sur les plages du Roussillon, rapidement encerclées par des barbelés, surveillées par des gardes mobiles à cheval. Petit à petit, on leur livre du bois avec lequel ils se construisent des baraques pour pouvoir s'abriter des vents glacés qui à cette saison balayent la plaine et le bord de mer. Avec le printemps et l'été, la situation ne s'améliore pas : des milliers de moustiques envahissent ces plages qui, plus tard, devront être démoustiquées pour pouvoir répondre aux désirs de baignade d'un tourisme de masse naissant. Les conditions de vie sont inimaginables, la mortalité est énorme. A nouveau, les amies quakers essaient de porter secours : ce sont elles qui demandent à Pitt et Yvès de recueillir de jeunes Espagnols en détresse, souvent orphelins. Ils seront les premiers enfants de La Coûme, laquelle, à partir de ce moment, sera pendant de très longues années entièrement destinée à l'accueil et à l'éducation d'enfants.

En 1936, les Krüger ont une deuxième fille, Veronika, et si la douzaine de petits Espagnols est traitée comme des frères et sœurs, c'est aussi pour les deux pédagogues l'occasion de mettre en pratique les principes de la pédagogie progressiste en laquelle ils croient et qu'ils ont déjà pratiquée tous les deux. Dans les années vingt, en effet, ils ont participé au mouvement des écoles réformatrices de la République de Weimar et ont travaillé avec Paul Geheeb et Minna Specht[2]. De son côté, Yvès Krüger a collaboré

[2] Paul Geheeb (*1870 †1961) et Minna Specht (*1879 †1961), deux grands pédagogues réformateurs, fondateur et directrice de la *Odenwaldschule* (école d'enseignement libre).

avec Maria Montessori[3] et a pu participer à l'œuvre du grand pédagogue allemand Bernhard Uffrecht[4] au château de Letzlingen. A La Coûme, il s'agit maintenant de réconcilier avec la vie des enfants de trois à quatorze ans, souffrant de la faim, psychiquement détruits et, pour la plupart, encore sous le choc d'événements traumatisants.

La déclaration de la guerre entre la France et l'Allemagne va placer Pitt, toujours citoyen allemand, dans une situation dramatique. Le jour où les treize à quinze compagnons de La Coûme, représentants de neuf nationalités, apprennent la déclaration de guerre, le 3 septembre 1939, ils comprennent que du jour au lendemain, ils vont devoir se considérer comme « sujets ennemis ». Dans une longue lettre aux quakers, Pitt parle de leur silence désemparé à cette annonce et de leur refuge dans l'écoute fervente de la 9e symphonie de Beethoven : « Nous n'avons pas eu honte de nos larmes. »

Pitt peut malgré tout s'occuper de ses petits protégés espagnols sans être vraiment inquiété, car les Catalans français, dans ces montagnes, y compris l'administration, étaient bien disposés à son égard ; ils le protègent de la Gestapo et le préviennent en cas de nécessité. Il arrivera à Pitt de passer des nuits caché derrière un rocher près de la ferme pour ne réapparaître qu'une fois le danger passé. Mais le nouveau curé de Mosset, en place depuis 1936, est un franquiste espagnol qui voit d'un mauvais oeil que les Krüger n'envoient pas à l'église leurs petits protégés ; à ses

---

[3] Maria Montessori (*1870 †1952) grande pédagogue italienne qui a développé la pédagogie qui porte son nom.

[4] Bernhard Uffrecht (*1885 †1959) pédagogue réformateur (l'école libre de Letzlingen fut fermée par les nazis en 1933).

yeux, de toute façon, ces enfants sont déjà suspects. La communauté de La Coûme a boycotté le service religieux par respect pour ces quatre frères et sœurs qui, en Espagne, ont été contraints d'assister du haut du clocher à l'assassinat de leurs parents par un prêtre. Le curé dénonce Pitt Krüger pour un kilo de café - ainsi que d'autres habitants du village pour quelques kilos de plus. A la Libération, il ira se cacher dans le clocher du village d'où les hommes de Mosset le délogeront pour aller le pendre dans la forêt. Il payera donc de sa vie ce qu'il a fait. Pitt Krüger, lui, survivra, mais restera marqué à jamais.

Le 3 juin 1944, la Gestapo, aidée par la milice française l'arrête. Après un bref passage à la prison de Perpignan, Pitt est expédié dans une prison à Berlin. Mais comme entre-temps la Résistance de Perpignan a mis le feu aux archives de la Gestapo, il ne subsiste aucun acte d'accusation contre lui. On le libère, certes, mais pour lui faire porter l'uniforme dans le *Volkssturm* contre l'Union soviétique. Il sera blessé grièvement sur le front, non loin de Prague, pour finir prisonnier de l'Armée rouge à Leningrad. Personne ne voudra croire à son histoire de pacifiste, ennemi d'Hitler et de son régime dès le premier jour. Libéré en 1948, ne pesant plus que 48 kg, il a la chance de revoir son vieux père à Cologne et revient miraculeusement à La Coûme.

Pendant ce temps, la maison de La Coûme, totalement ravagée par un incendie, a dû être reconstruite pas le Service Civil International et les « aubergistes ». Ceci n'a pas empêché Yvès de la transformer de Maison d'Enfants de réfugiés espagnols en une véritable école accueillant des enfants de toute provenance. Certains viennent de l'Assistance publique. La majorité est là par choix de leur famille, adhérant aux principes pédagogiques qu'on y applique. D'autres espèrent que cet enseignement les aidera à surmonter certaines difficultés. Les plus aisés, artistes, diplomates, etc. veulent donner à leurs enfants une stabilité quotidienne, à la campagne, car leur métier les oblige à s'absenter souvent et pour longtemps. Certains enfants y sont envoyés parce que leurs parents divorcent ou encore pour raison de santé. C'est d'ailleurs la raison officielle de l'existence de cette école : « maison à la campagne ». Yvès y met en pratique à grande échelle – et avec un succès indéniable - ses méthodes d'éducation progressiste et libérale. Avec l'aide de quatre jeunes enseignants, elle peut alors accueillir une trentaine d'élèves. Leur nombre passera ultérieurement à une cinquantaine, âgée de 6 à 18 ans. A partir de ce moment, de multiples conventions avec l'Education nationale française seront signées.

Au cours de cette période particulièrement difficile arrivent à La Coûme deux personnalités qui non seulement y resteront toute leur vie pour l'une et jusqu'à la retraite pour l'autre, mais qui porteront cette entreprise à bout de bras pendant plus de 40 ans avec le couple Krüger : la jeune institutrice Yvonne Grangeon et le jeune cheminot Gérard Bétoin. Ce dernier épousera un peu plus tard Monique et un de leurs fils, Olivier, prendra en main le destin de La Coûme en 1990 avec sa femme catalane Marta, qui, enfant, était venue perfectionner son français pendant la colonie d'été. D'autres personnes marqueront La Coûme par leur présence au fil du temps mais Yvonne et les Bétoin sont certainement ceux qu'il faut citer.

La musique occupe depuis le début une place très importante à La Coûme. Elle est très présente dans le fonctionnement scolaire mais également grâce aux très nombreux musiciens amis qui passaient régulièrement un moment auprès de la petite communauté. Parmi leurs amis les plus proches, il y avait Pablo Casals, le violoncelliste en exil à Prades, le pianiste allemand Wilhelm Kempff, le violoniste Yehudi Menuhin, le chef d'orchestre Igor Markevitch, le guitariste espagnol Narciso Yepes et le violoncelliste Paul Tortelier. Ces trois derniers avaient confié leurs enfants – et pour les Tortelier même leurs petits-enfants ! – à l'école de La Coûme.

Parmi les enfants éduqués à La Coûme, quelques-uns deviendront célèbres comme par exemple le réalisateur Luc Bondy. Les élèves venaient du monde entier. Pendant trois ans, entre 1962 et 1965, La Coûme accueillit même vingt enfants réfugiés tibétains, placés par l'UNESCO.

Tous ont gardé des souvenirs marquants de leur vie dans cette école en plein air. En témoignent aussi bien les récits enthousiastes de ceux qui vouent une gratitude éternelle à l'éducation reçue, que les rapports plus critiques de ceux qui - surtout pendant les dernières années - eurent de plus en plus de mal à se plier à des principes éducatifs régis par une charte morale rigoureuse. C'est elle qui avait pourtant servi de base au fonctionnement d'une pédagogie qui, à ses débuts, a été qualifiée de progressiste.

A La Coûme, chacun était responsable de tout. Autrement dit, on visait par principe une autarcie quasi totale : c'est la communauté qui entretenait les logements, fabriquait les meubles sur place, reliait les livres, cultivait les légumes et les fruits, lavait le linge et la vaisselle, préparait les repas, etc. Il n'y avait pas de revenu privé, tout appartenait à tous. « Entre nous il n'y avait pas de rémunération pour le travail effectué. Lorsque quelqu'un avait besoin de quelque chose, des vêtements par exemple, cela était acheté à partir des recettes communes. Notre bibliothèque ainsi que notre collection de disques (une collection importante pour l'époque) appartenaient à tout le monde. En cette période de guerre et de dénuement le sens de la communauté et le sentiment de solidarité étaient particulièrement développés », me disait Pitt Krüger quand je l'ai rencontré en 1984.

Tous les deux ans, toute l'école entreprenait en été un voyage d'études (la Grèce, les volcans italiens, la Yougoslavie, la Tchécoslovaquie, le Maroc, etc.). L'argent nécessaire pour financer ce voyage était gagné dans l'intervalle grâce aux vendanges que la communauté faisait dans les Corbières ou dans le Roussillon. En janvier/février, les Krüger avaient pris l'habitude de déplacer les cours un peu plus en altitude dans les montagnes du Capcir.

En 1949, les quakers firent don de la ferme à Yvès Krüger qui, consciente que l'aventure était fortement liée à son équipe, en assura la pérennité en créant la fondation Krüger en 1972. Après le décès de Yvès (1988) et de Pitt (1989) fut créé en 1990 le « Centre d'accueil permanent de stages et de classes-découverte » qui fonctionne depuis cette époque en portant fidèlement la mémoire de ce lieu sous la direction de Marta et Olivier Bétoin.

J'ai eu la chance dans les années 1980 de rencontrer Pitt et Yvès. Pitt m'accorda alors un long entretien pour un texte que je publiai plus tard dans un livre sur le Roussillon. Toujours plein d'enthousiasme et d'énergie, il était aussi intarissable sur leur vécu, malgré une santé déjà fragile. La mémoire lui revenait jusqu'au dernier détail des efforts incroyables accomplis pendant toutes ces années passées. Alors il paraissait profondément convaincu de l'évidence de son existence.

Yvès, que par la suite j'ai pu accueillir plusieurs fois chez moi, était absente comme souvent. Tout au long de sa vie, elle a eu besoin de voyager, d'avoir des contacts ailleurs, d'aller à Paris ou Berlin et souvent à Saint-Césaire chez Igor Markevitch. Elle se considérait plutôt comme une intellectuelle, une citadine débarquée dans ce pays dur et solitaire pour vaincre les tourments du destin. Elle y avait fait face de façon admirable. Sur les poutres de son bureau, elle avait fait graver, entre autres, la phrase de Rainer Maria Rilke « Qu'il faille nous en tenir au difficile, c'est là une certitude qui ne doit pas nous quitter ».

Il existe des lettres de Pitt et Yvès. Tous les deux écrivaient volontiers mais, trop absorbés par l'action du quotidien, ils n'étaient pas du genre à tenir un journal. Voilà qui rend le texte de Werner Thalheim d'autant plus précieux. Illustrant de façon vivante le tout début de cette expérience, il donne avec son humour et sa distance parfois amusée un regard riche et profond, non seulement sur la naissance de ce qui deviendra plus tard une véritable institution, mais aussi sur ce pays catalan. Il évoque ses paysages splendides, ses habitants généreux et solidaires - mais qui ne se gênaient pas non plus, parfois, pour mettre à l'épreuve ces drôles d'intrus. Ce récit présente ainsi un double intérêt : au-delà de sa valeur de témoignage, ce texte concis et fort bien écrit met en lumière une région attachante qui continue à attirer une population extrêmement cosmopolite.

Le lien d'amitié entre Werner Thalheim et Yvès et Pitt a perduré, indéfectible, jusqu'à leur mort.

Bibliographie et liens

Y. Grangeon et C. Haller : *La Coûme, une expérience humaine et éducative*, 1993.

http://www.lacoume.org

Genèse du projet de publication de ce texte

En 2008, Pierre Noack, fils de Yamine, petit-fils d'Yvès et Pitt, rencontre la chanteuse Barbara Thalheim lors d'un de ses concerts à Hamburg. Il lui parle de la relation de ses grands-parents avec son père Werner Thalheim. Et il la met en contact avec moi. Barbara me raconte dans un premier temps par mail et courrier ce qu'elle sait de cette relation, puis me fait parvenir assez rapidement le manuscrit de Werner. Nous lui avons organisé un concert dans le cadre du festival « Les Nits » à Eus, non loin de Mosset, pour pouvoir nous rencontrer et pour qu'elle découvre les lieux.

Ce furent un concert et une rencontre émouvants. Il y avait Yamine Noack, la fille de Pitt et Yvès, Marta et Olivier Bétoin et de nombreuses personnes liées à l'histoire de La Coûme. Le fantôme du père planait dans la salle. Barbara était accompagnée par son partenaire de longue date, le fabuleux accordéoniste Jean Pacalet déjà marqué par le cancer qui devait l'emporter l'été suivant.

C'est à la suite de ce concert que fut établie la relation avec Annick Carlier qui a assuré les traductions des textes de Werner et Barbara Thalheim (sauf « Le début de mon histoire »). Enthousiasmée par le projet, elle a même essayé de trouver un éditeur pour le manuscrit intégral de la fuite de Werner Thalheim devant le fascisme nazi.

Les souvenirs de son séjour à La Coûme, rassemblés ci-après, sont des extraits de ce manuscrit de 500 pages intitulé : *Mon siècle indompté, histoire vécue et soufferte*.

Le début de mon histoire

Je suis né en 1906 à Leipzig, où j'ai appris le métier d'imprimeur et où j'ai adhéré aux Jeunesses Socialistes. En 1925, j'ai rejoint le KPD (*Kommunistische Partei Deutschlands* : Parti Communiste Allemand), dont j'ai été exclu en 1929 parce que je refusais la politique de la RGO (*Revolutionäre Gewerkschaftsopposition* : Opposition Syndicale Révolutionnaire). Jusqu'en 1931, j'ai appartenu à la KPO (*Kommunistische Partei-Opposition* : Opposition Communiste). Puis je suis passé au SAP (*Sozialistische Arbeiterpartei* : Parti Ouvrier Socialiste), qui venait d'être créé et dont j'ai été le responsable à Leipzig jusqu'en 1932.

J'ai ensuite travaillé comme rédacteur au journal du SAP à Breslau. C'est de là qu'en 1933 je me suis enfui en France, au moment de l'incendie du Reichstag, pour me soustraire à une arrestation imminente.

Je n'ai pas réussi à obtenir d'autorisation de séjour en France. C'est pourquoi j'ai accepté la proposition d'un avocat strasbourgeois qui avait de bons contacts avec les milieux émigrés et pouvait me trouver du travail en Algérie. Il m'a procuré un billet de bateau de Marseille à l'Afrique du Nord. Arrivé à Alger, un intermédiaire m'a fait entrer dans une clinique d'avortement gérée par des médecins anglais et destinée aux Européennes fortunées. J'y ai été engagé comme homme de ménage dans les salles d'opération. Je remplissais parfaitement les conditions pour ce travail : aucune connaissance de la langue, de façon à ce que le moins d'information possible sur ce qui se passait là ne puisse filtrer à l'extérieur.

A Alger, j'ai rencontré des membres de la société religieuse anglaise des quakers qui m'ont offert la possibilité de revenir en France au bout d'un an, à expiration de mon autorisation de séjour en Algérie. Ils m'ont proposé de venir travailler dans une communauté agricole, le mas de La Coûme, située sur le versant français des Pyrénées. Les quakers en avaient fait l'acquisition pour donner une chance de survie aux exilés politiques. De 1934 à 1937, j'y ai donc travaillé et vécu avec Pit[5] Krüger, sa femme Yvès ainsi que d'autres exilés.

Ensuite, je suis allé à Paris où j'ai travaillé comme typographe dans une imprimerie jusqu'en 1939.

Entre-temps, j'avais épousé Paulette, de Colombes.

Au début de la guerre, en septembre 1939, j'ai été interné par le gouvernement français et envoyé comme prestataire avec d'autres exilés à Saint-Nazaire, où nous travaillions pour l'armée. C'est là que nous avons été rattrapés par les troupes allemandes dès juin 1940. J'ai réussi à m'enfuir vers Paris et j'ai trouvé refuge chez la famille de mon épouse française, à Colombes. Bien que marié à une Française, j'étais toujours considéré comme clandestin. Je n'avais pas d'autorisation de séjour, ni de

---

[5] Werner Thalheim écrit Pit avec un seul « t » - nous avons respecté ce choix.

carte d'alimentation. Je risquais en permanence d'être arrêté.

J'ai fait de vaines tentatives pour rejoindre la Résistance. Elles ont échoué - entre autres raisons - parce que la discipline de parti au SAP, comme au KPD, était très stricte. Ne devaient émigrer d'Allemagne que ceux à qui le Parti l'ordonnait. Or j'avais fui Breslau de ma propre initiative. Et de plus, j'avais trouvé du travail à Alger sans avoir sollicité l'aide de mon Parti pour ce faire. Après mon retour d'Algérie en France, lorsque j'avais repris contact avec la direction clandestine du SAP à Paris, on s'y était montré très méfiant à mon égard. J'ai subi une procédure disciplinaire parce que, entre autres, j'avais enfreint les règles de la clandestinité et envoyé des lettres aux membres du SAP à Paris en leur demandant une aide financière. De plus, en m'enfuyant en Algérie, je m'étais soustrait momentanément au contrôle du Parti. Comme la Gestapo avait réussi à infiltrer de plus en plus souvent ses indicateurs dans les rangs des exilés, cette méfiance était parfaitement compréhensible. On me reprochait d'avoir fait passer mes préoccupations personnelles – le souci de ma survie – avant l'intérêt du Parti.

A Paris, j'ai récupéré l'identité d'un Français qui avait été tué à Colombes lors de l'entrée des troupes allemandes : je m'appelais désormais Jean Colmar, né le 10 juillet 1910 à Strasbourg, domicilié 5, rue Saint Didier à Bois-Colombes. Au moment où j'essayais de me procurer une carte d'identité légale à la Préfecture, j'ai été arrêté, amené à la prison de la Santé et de là, le 14 septembre 1940, conduit au camp de concentration de Dachau, via Metz, avec 126 compagnons d'infortune. J'ai été transféré au printemps 1945 de Dachau sur le front Ouest où nous étions censés être les derniers renforts de la Wehrmacht. J'ai de nouveau réussi à m'enfuir. Début avril, vêtu d'un uniforme de SS, j'ai rejoint Leipzig, ma ville natale, sur une bicyclette volée. Je me suis caché dans la cave d'un de mes amis tailleurs, entre les balles d'étoffe, jusqu'à la libération de Leipzig par les Américains, le 20 avril 1945.

Berlin, 1991

Traduction Bernard Mangiante

Pionnier dans les Pyrénées

Ainsi ne suis-je donc pas parti en Colombie, mais seulement à environ 1000 km, en France, dans les Pyrénées-Orientales. De Perpignan, situé non loin de la frontière espagnole, on prend un train pour Prades, qui se trouve à 30 km, et, de là, on continue avec un véhicule qu'on appelle omnibus en direction de Mosset, à plus ou moins 800 m d'altitude. Au bout de 40 minutes de marche, à pied cette fois, sur une route qui ne fait que monter, je finis par arriver au « Mas de La Coûme », là où il est prévu que je travaille. A mon grand étonnement, personne ni dans le village ni sur la route n'avait pu me donner le moindre renseignement sur le mas en question. Il faut dire que dans le coin on ne parle pas français mais catalan. Je suis dans le Roussillon, ou bien, comme l'on dit ici, dans le Languedoc, point de départ des croisades et berceau des troubadours. Pit et Yvès Krüger, les initiateurs et littéralement les tout premiers pionniers de ce projet chimérique de coloniser cet endroit, me saluent avec une réserve bien compréhensible, car ils ne peuvent pas encore savoir qui débarque ainsi chez eux. C'est dans une petite chambre, sous le toit de cette maison qui me semble encore fort délabrée, que l'on m'installe. Il n'empêche : avoir un petit chez-soi avec un toit au-dessus de la tête m'apparaît comme un grand progrès.

Un premier tour de la maison et des bâtiments attenants pour les bêtes a suffi pour que je me rende compte qu'économiquement cette entreprise si particulière imaginée par les quakers était des plus incertaines. Il n'y a que deux vaches dans l'étable, « Merle » et « Castagne ». Elles produisent du lait tout en servant d'animaux de trait pour la culture des champs. Il y a de l'argent pour deux vaches supplémentaires, m'explique Pit. On a déjà négocié avec les paysans du coin. Il faudrait aussi acheter un mulet, indispensable pour les transports en montagne. La propriété fait 75 ha environ ; on en cultive pour le moment deux arpents, à proximité de la maison. Devant celle-ci, il y a un jardin, apparemment très productif, du moins l'été, car il est à l'abri du vent. Encore aujourd'hui, le montant mensuel de l'aide financière est le double de nos propres bénéfices, m'apprend Yvès le lendemain. Celle qui a découvert cette ferme et qui en est actuellement la garante est cette même Miss Pye, de Londres, que j'ai rencontrée à Paris. Elle a acheté le mas, inoccupé depuis la fin du siècle dernier, à un vieux paysan qui habite encore à Mosset, Monsieur Fabre. C'est avec lui et Pit que, après le petit-déjeuner du premier jour, je fais en quelque sorte le tour du propriétaire. En quittant la maison par derrière, on monte tout de suite dans la montagne : on doit d'abord franchir un amoncellement de rochers, puis on emprunte des chemins très étroits le long de ravins escarpés, et on suit, sans le quitter, le cours d'un ruisseau bondissant sur les éboulis. Monsieur Fabre, 79 ans, avec, dans la main droite, un long bâton taillé dans une branche et, dans la gauche, un mouchoir pour s'éponger, nous précède ; il marche à une telle allure qu'il nous faut, pour le suivre, une énergie incroyable, suant à grosses gouttes et respirant bruyamment. Les limites du terrain ne sont définies par aucun marquage. Lui les connaît avec précision et il nous indique les arbres, buissons et pierres qui servent à le délimiter. L'ensemble de la propriété se trouve dans une cuvette inclinée orientée au sud-ouest. Et, vu d'en haut, il était évident que seuls les champs et les prés autour de l'habitation étaient bons à quelque chose pour avoir été de tout temps cultivés tandis qu'il nous faudrait défricher avec acharnement les terres d'en haut pour espérer en tirer quoi que ce soit.

Autre surprise (le mot est faible) que je découvre : le problème de l'irrigation. Si le torrent qui descend du col de Jau (un massif montagneux de 1500 m) transporte en cette période – nous étions en mai – une grande quantité d'eau due aux longues pluies saisonnières, dans un mois il ne sera plus qu'un mince filet d'eau. C'est ce que nous explique notre guide catalan. Et pour récupérer cette eau les propriétaires des terrains voisins se livreront alors une bagarre sans merci. Il nous montre les petites rigoles creusées à la pioche entre la terre et la pierre qui, à l'aube, sont ouvertes pour les uns, fermées pour les autres. On imagine les disputes sanglantes, dans le passé, pour capter un peu d'eau fraîche. « Croyez-moi, nous dit-il, il fut un temps où un *coup de rouge* coûtait moins cher qu'*un verre d'eau* »[6].

Je compris ce qui m'attendait ici. Travailler et travailler encore, fournir un travail de titan sans espoir d'un résultat

---

[6] En français dans le texte.

visible dans les années à venir. Au fond, la viabilité du projet allait dépendre de l'investissement et de la capacité de chacun à s'adapter à la situation telle qu'elle était ; mais aussi du degré de son sentiment d'appartenance au groupe. Qui les a choisis ? Qui sont-ils ? Pit Krüger, un idéaliste engagé rêvant d'une nouvelle pédagogie progressiste, était jusqu'en 1933 enseignant à Potsdam ; dans cette ville, il fit la connaissance d'Yvès, une étudiante originaire de Suisse, et lorsque les nazis arrivèrent au pouvoir, ils vinrent s'établir en France. En liaison avec le mouvement pour la paix et les quakers anglais, ils se hasardèrent à orienter leur vie désormais commune vers de nouveaux horizons. Dès le début de 1934[7], ils furent les premiers à arriver ici en éclaireurs pour s'atteler avec abnégation à cet énorme chantier qui consistait à remettre en état une ferme abandonnée depuis des lustres. Leur petite fille, Jamine, qui a tout juste trois ans, est un vrai garçon manqué. Je me souviens d'une petite sauvageonne, élevée selon des principes antiautoritaires, qui passe ses journées à vadrouiller avec son chien Marouf (un horrible bâtard rustique) dans l'immense territoire que représentait cette propriété et à faire toutes les bêtises possibles et imaginables. Un troisième associé s'était joint à eux. H. avait été maçon à Hambourg, où il fut pendant quelques années secrétaire pour la jeunesse de l'Union des ouvriers du bâtiment. Après la prise du pouvoir par les nazis, il émigra d'abord en Hollande puis, plus tard, à Paris. Sur un plan pratique, ses compétences étaient indéniablement nombreuses, y compris en agronomie, ce qui était loin d'être notre cas. Plus tard arrivèrent les Stutterich. Lui était peintre et tapissier de formation, elle

[7] En fait ils arrivèrent fin 1933.

cuisinière et parfaite maîtresse de maison. Tous deux originaires de Saxe, comme moi. Voilà les membres que Miss P. avait sélectionnés pour constituer notre petite communauté avec comme mission de se refaire une nouvelle existence commune. Certes nous étions pleins de bonne volonté, mais il n'y avait pas eu de plan préalable conçu en commun, ni de discussion préparatoire. Il aurait aussi fallu que nous soyons présentés les uns aux autres pour apprendre à nous connaître. Il était évident dès le départ que le projet était voué à l'échec. Echec qui devait être principalement imputé au manque de formation concrète, voire complète, de chacun d'entre nous en matière d'agriculture, auquel s'ajoutait une méconnaissance absolue des réalités de la région. Ce fut le cas dès les premiers travaux que nous entreprîmes ensemble. Nous avions choisi en contrebas du ruisseau un terrain plutôt grand, assez pentu, pour cultiver des pommes de terre. Pit avait déjà tracé les sillons obliques, allant du haut vers le bas. Tout le monde l'aida à y déposer les plants de façon à avoir fini avant l'arrivée d'un orage qui menaçait. Ce fut un gros orage, avec tempête de vent et rafales de pluie violentes, tel que nous en avons connu assez souvent tout au long de notre séjour en montagne. Deux heures plus tard, lorsque le soleil réapparut, rayonnant, nous nous rendîmes sur les lieux où nous avions tant peiné. La terre s'était en grande partie éboulée, emportant avec elle les plants de pommes de terre, dans le bas de la pente, jusqu'au ruisseau qui, largement sorti de son lit, s'était transformé en une petite rivière. Que pouvions nous faire d'autre sinon recommencer tout l'ouvrage depuis le début, mais en traçant cette fois des sillons parallèles au cours d'eau ?

Les premiers temps, mon travail consista à m'occuper des vaches. Tous les matins, à 5 heures, il fallait les traire, puis les nourrir. A 6 heures, chargé de deux bidons de lait de 15 litres chacun, l'un devant, l'autre derrière, en tout 30 kg, je prenais la route défoncée qui descendait au village (4 km), où le camion de la laiterie de Prades passait pour collecter le lait des fermes avoisinantes. Rentré vers 8 heures, je prenais mon petit-déjeuner, avant d'aller travailler dans les étables, mais il fallait avant tout aider Pit au travail des champs. L'après-midi je conduisais les vaches dans les alpages où, début juin, comme maintenant, démarrait la repousse d'une herbe nouvelle pleine de suc et où les bêtes ne manquaient pas d'espace pour paître. C'était vraiment pour moi les plus belles heures de mon séjour dans les montagnes pyrénéennes. De là-haut s'offrait à moi un large panorama : des vallées et puis des crêtes par-delà la frontière espagnole, jusqu'en Andorre ; le Canigou, avec ses 2800 mètres, l'un des massifs les plus élevés des Pyrénées qui nous salue de loin avec son blanc chapeau. Haut dans le ciel, tournoyaient des rapaces, et il n'était pas rare qu'on vît un couple d'aigles. On était au milieu d'une végétation luxuriante et des plus odoriférantes. A voir les vaches vagabonder, on devinait qu'elles étaient de fameuses fines gueules, cherchant partout les herbes les meilleures. Dommage qu'elles fussent importunées par de grosses mouches qui piquent, des guêpes ainsi que par de furieux bourdons : des nuisibles qui leur faisaient la guerre et qui devaient leur rendre la vie impossible. Ma « Castagne » à la robe brune était une « dame » de nature paisible et en général très docile, autant à l'étable que lorsqu'elle avait à subir les désagréments des nombreuses corvées dont on l'accablait. Mais elle devenait nerveuse lorsque ces horribles insectes la martyrisaient et que, pour les chasser, elle utilisait sa queue comme un fouet, la balançant de droite à gauche. Le problème, c'est qu'ils savaient exactement où se poser pour qu'elle ne puisse pas les atteindre. Les conséquences étaient alors pour moi toujours épouvantables. « Castagne », la queue dressée, se lançait soudain dans un galop qui aurait fait honneur à n'importe quel cheval de course, courant par monts et par vaux, parfois à des kilomètres de là. Ce n'est qu'après de longues recherches que je retrouvais l'animal, couché quelque part à l'ombre et ruminant tranquillement. Mais, le lendemain matin, horrible constat, elle donnait beaucoup moins de lait.

La pire des corvées était sans conteste la récolte du foin. Deux fois par an, il fallait monter dans les alpages pour aller couper à la faux, pas à pas, l'herbe entre les amas de roc, au milieu des pierres, harcelés par des taons aussi gros que des bourdons. Faire ce boulot vers midi par plus de 40°C n'était pas une partie de plaisir. Par beau temps, le séchage de l'herbe ne prenait guère plus de deux jours, en ne la retournant qu'une seule fois. Mais le plus dur était à venir. Pour descendre le foin dans les granges, on l'emballait dans de grands draps que portaient sur leur dos des paysans trapus, hommes et femmes, qui parfois en avaient pour une bonne heure de marche. Toujours est-il que les ballots en question pouvaient peser de 40 à 50 kg. En montagne pullulaient aussi toutes sortes de serpents, et principalement des vipères. Il m'est arrivé d'en avoir rapporté une belle par mégarde dans la grange ; elle s'était logée au milieu du foin. En secouant le drap, dans la pénombre de la grange, j'entendis siffler dans ma direction, et je vis devant moi le serpent dans une position menaçante, la tête prête à l'attaque. Pit qui se trouvait à deux pas, l'embrocha avec sa fourche sur la porte de la grange. Lorsque plus tard, nous le jetâmes en petits morceaux aux poules, il y avait encore des tronçons qui continuaient à bouger.

Après ces premières déceptions dues à nos erreurs de débutants en agriculture, vint le temps où nous nous posâmes toutes sortes de questions sur la poursuite de notre expérience et sur l'avenir de la petite coopérative. C'est souvent dans ce genre de circonstance que surgissent les idées les plus utopiques. En l'occurrence, nous découvrîmes une source dans un champ en face de la maison, de l'autre côté du ruisseau. Nous avions déjà constaté auparavant que cet endroit était fort marécageux et que les vaches qui y paissaient s'enfonçaient assez profondément dans la boue. Nous savions que les Pyrénées comptaient d'innombrables sources thermales et déjà quelques stations renommées. Alors l'un d'entre nous eut l'idée d'aménager une installation de captage. Il nous fallait pour cela une expertise scientifique afin de connaître la composition minéralogique de l'eau. Nous vivions tous désormais dans une atmosphère fébrile faite de tensions, de travail et d'attente. On se voyait déjà tous réussir dans la production d'eau thermale, avec installations de lavage de bouteilles, département pour l'export et laboratoire d'analyse. Finalement, H. construisit un système de captage qui eut au moins l'avantage de drainer progressivement le pré, nous permettant ainsi de commencer à y planter des arbres fruitiers. L'opération demanda du temps mais finit littéralement par porter ses fruits, et qui plus est, durablement. En deux ans, nous plantâmes environ 500 arbres : des pommiers, poiriers et pêchers essentiellement. Nous avions en effet remarqué que sur les terrains situés à plus basse altitude, surtout à Prades et sur la Côte Vermeille, les pêches commençaient à mûrir fin juin et que les prix sur les marchés fin août/septembre étaient presque le double. Cette précocité étonnante s'expliquait par les différences d'altitude de ce paysage qui finissait sur les rives de la Méditerranée. Fin avril, par beau temps, on récoltait déjà à Cerbère et à Collioure les premières cerises. En la circonstance, notre atout était de pouvoir mettre sur le marché des fruits tardifs, comme la pêche, en septembre seulement et d'en tirer de plus grands bénéfices qu'avec les autres productions agricoles. Ainsi l'idée du commerce de l'eau minérale fut-elle vite oubliée, d'autant plus que d'après les analyses commandées à Prades, Perpignan et même Toulouse, rien ne prouvait que cette eau avait des vertus thérapeutiques.

Comment des libres penseurs ont chanté à l'église

Progressivement des liens s'étaient noués avec le village de Mosset. Certes beaucoup de paysans catalans prenaient les étrangers que nous étions pour des extravagants qui ne comprenaient vraiment rien au terroir local, mais avec lesquels on avait intérêt à bien s'entendre : ne prétendait-on pas qu'ils possédaient à la banque de Prades un compte bien fourni, alimenté par l'Angleterre ? Nous avons pu établir avec quelques familles des relations spontanées, qui parfois pouvaient même aller jusqu'à des relations d'amitié. Par exemple tout particulièrement avec l'instituteur et l'institutrice [8], qui allait devenir sa femme. Ils venaient de Perpignan et ne se sentaient pas spécialement bien dans ce petit village perdu dans la montagne. C'étaient des pédagogues de gauche, des progressistes, et les paysans, conservateurs comme on l'est dans la montagne, s'opposaient quelque peu à l'éducation libérale qui était dispensée à leurs enfants. Malgré tout, leur mariage, en octobre 1935, fut l'occasion d'une sorte de fête populaire à laquelle participa tout le village.

De cette petite commune d'à peine 500 âmes l'une des figures était le curé catholique. Comme nous l'avions déjà appris par des ragots qui couraient dans le village, ce curé, qui n'était plus tout jeune, était arrivé à Mosset sous le coup d'une sanction disciplinaire. Lui, digne représentant de l'Église catholique, n'aurait pas su résister comme il l'aurait fallu à la tentation de la chair dans une ville assez importante du sud de la France[9]. C'était à l'évidence un homme cultivé, parlant plusieurs langues, qui prenait manifestement plaisir à discuter avec nous qui étions athées, étrangers, et allemands de surcroît. Toutes les fois où nous nous rendions au village, nous avions pris l'habitude d'aller le retrouver. Son presbytère me faisait penser au cabinet d'alchimiste du Docteur Faust. Sur une étagère au-dessus de sa table de travail il y avait toute une

---

[8] Il s'agit de Céleste et Marguerite (née Fleury) Lambert, instituteurs à Mosset de 1936 à 1951 (Céleste Lambert, prisonnier de guerre de 1940 à 1945, fut remplacé ces années-là par Mlle Prim).

[9] Il s'agit de Benjamin Vernet, curé de Mosset de 1917 à 1935. Werner Thalheim commet ici une erreur : ce n'est pas Benjamin Vernet qui avait « fauté » mais sa sœur Alexandrine, qui avait été, semble-t-il, la maîtresse du curé de Nohède, un village à 7 km de Mosset à vol d'oiseau.

collection de liqueurs françaises de premier choix, ce qui permettait de penser qu'il ne se laissait pas abattre. Sa servante s'appelait Louise. Elle était petite et bossue. C'est sans doute en raison de son péché de jeunesse que sa hiérarchie la lui avait choisie pour empêcher notre curé de succomber une nouvelle fois à la tentation. Il avait l'hospitalité d'un grand seigneur telle qu'on la rencontre surtout en Espagne. Dès qu'il frappait dans ses mains, Louise apparaissait, grimpait sur un escabeau pour les raisons évoquées précédemment, se hissait jusqu'à la collection de bouteilles et demandait alors : « Qu'est-ce qu'il faut que je descende, Mr. Le Curé ? ». Après que chacun d'entre nous eut exprimé son choix – en ce qui me concerne, ma préférence allait à la Bénédictine (une liqueur de moine) –, Louise descendait avec plusieurs bouteilles sous le bras et nous servait. Alors, il commençait à raconter des histoires, et encore aujourd'hui, je le revois, avec cette façon inoubliable de raconter, haute en couleurs et vivante, bien à lui, prince en son église.

Un jour, c'était peu de temps avant Noël, Pit, Yvès et moi étions retournés chez lui, lorsqu'il nous demanda soudain d'un air solennel s'il pouvait nous adresser une requête. Il s'agissait, commença-t-il avec embarras, de la messe de minuit à l'église. Nous ne pouvions que l'écouter nous expliquer l'histoire et la signification de la messe dans le rite catholique, et nous raconter les anecdotes amusantes qu'il avait vécues… Et il en vint soudainement à parler des chants de Noël allemands si émouvants et si poignants. Il finit par en venir au fait en nous demandant si nous serions d'accord pour chanter deux chants allemands, après l'entrée interprétée à l'orgue, juste avant le début de la messe. Il savait que nous n'étions pas croyants, ni pratiquants et peut-être même pas chrétiens, mais il ne pensait pas se tromper en voyant en nous des hommes de bonne volonté à qui, dans un tel endroit, il ne viendrait pas à l'esprit d'organiser des manifestations politiques ou même d'interpréter des chants déplacés comme l'*Internationale*. Nous demandâmes à réfléchir et nous consultâmes les camarades pour savoir si nous perdrions la face en chantant des chants de Noël allemands pour des paysans catalans. Nous acceptâmes finalement et nous choisîmes de chanter *Stille Nacht* et *Es ist ein' Ros' entsprungen*. Afin de ne pas nous rendre ridicules, nous répétions avec application au petit-déjeuner ou au repas du soir. Quand Noël arriva, nous fûmes quelque peu déçus, car la petite église du village n'était à vrai dire fréquentée que par des femmes et des enfants. Les hommes, eux, étaient restés à fumer sur la place de l'église et débattaient de vaches, de veaux et de prix. Néanmoins notre réputation dans le village s'en trouva grandie. Tout le monde nous saluait amicalement et nous étions « les Allemands qui chantaient ».

Je laisse maintenant vagabonder mes pensées plusieurs années en arrière. Cela devait remonter à 1925/26 lorsque, encouragés par la vague de propagande antireligieuse qui balayait l'Union soviétique, nous décidâmes, en tant que groupement des jeunes communistes de Leipzig - Lindenau, d'organiser une manifestation antireligieuse contre les « bigots fanatiques » de la paroisse de Saint-Nathanaël. Pendant un office religieux, nous déboulâmes dans l'église au son de la fanfare et entonnâmes l'*Internationale*, ce à quoi les Protestants répondirent spontanément par *Eine feste Burg ist unser Gott* de Luther. Nous nous retirâmes avant l'arrivée de la police qui avait été prévenue avec la conviction d'avoir par cet acte apporté notre contribution à la victoire de la révolution mondiale. *O Sancta simplicitas*.

Comment on vend les vaches en Catalogne

Au milieu de l'automne 1935 nous dûmes aller chercher plus haut dans la montagne, où on les avait laissé paître tout l'été, les deux autres vaches qui avaient été commandées. Il faisait encore très chaud et le chemin pour y aller était pénible et fatigant. La petite cabane de torchis au toit de bardeaux[10] n'était habitée par ses propriétaires qu'en été, avec les animaux en bas et les hommes en haut. La famille était en train de manger lorsque nous arrivâmes. Après le verre de vin rouge obligatoire qu'on vous servait en signe d'accueil, on vous proposait une louche de soupe aux haricots dans des bols en fer blanc. Le plancher était fait de larges lattes disjointes. Au moindre geste qu'on faisait elles branlaient énormément et on pouvait entrevoir sous nos pieds nos deux vaches en train de manger paisiblement. La petite fille laissa échapper sa cuillère qui glissa entre les planches et tomba dans l'étable en plein dans une bouse de vache. Sans rien dire elle se leva, descendit, alla ramasser sa cuillère qui était toute souillée. Elle l'essuya rapidement à son tablier et continua à manger sa soupe, visiblement sans avoir perdu l'appétit. Un tel manque d'hygiène chez ces montagnards avait de quoi nous soulever le cœur. Et pourtant cette enfant ne s'en sera pas portée plus mal. Après avoir mangé, il fallut en venir aux affaires. On nous

---

[10] C'est ce qu'on appelle dans la région un cortal.

présenta les bêtes, « La Brune » et « Arlette ». Toutes deux avaient de longs pis gonflés alors que, nous dit le paysan, elles étaient une nouvelle fois pleines. En spécialiste pour qui certains signes, chez la bête, ne trompent pas, il nous convainquit de leur qualité, autrement dit, de leur capacité à produire du lait. Comment pouvions-nous en juger ? Même comme cela nous étions persuadés d'avoir fait une affaire. Enfin, après un dernier coup de vin rouge, nous ramenâmes les bêtes à la maison. Pendant qu'on les faisait descendre dans la vallée puis remonter chez nous, on vit avec étonnement à quel point elles avançaient péniblement, poussant régulièrement des beuglements effrayants. La nuit suivante, impossible de les faire tenir en place. Au matin, elles donnèrent énormément de lait. Au point qu'il fallut être deux pour porter le lait au village. Mais il fallut déchanter par la suite. Jour après jour le nombre de litres s'amenuisait. Il y avait là un mystère dont notre voisin Fabre nous donna la solution. Les bêtes n'avaient pas été traites pendant plusieurs jours afin qu'elles fassent illusion avec leurs pis énormes. On ne peut jouer ce tour qu'à des étrangers, nous expliqua-t-il, pas à des gens d'ici. Quand plus tard Arlette perdit son veau, ce qui n'arrangea pas les choses, et cessa de donner du lait pendant presqu'un an, nous comprîmes à quel point nous nous étions fait abuser.

Et puis, il fallut agrandir l'étable. Pour cela, nous utilisâmes l'ancienne bergerie attenante qui ne servait plus depuis des générations et où s'entassait un fumier sec sur presqu'un mètre de hauteur ; il fallut l'évacuer à la fourche. Résultat : La Coûme entra dans la saison des puces ! Et puis il y avait l'engrais à mettre sur les champs et seul celui qui a déjà fait ce travail sur un terrain montagneux escarpé sait quels efforts et quelle persévérance il faut fournir pour tenir le coup. Ce n'était vraiment pas une partie de plaisir que de charger une tonne de ce « beurre noir », comme les paysans français appellent le fumier, sur une charrette à deux roues datant du Moyen-âge, de descendre ensuite une pente de 25 %, de décharger ensuite le fumier pour le répandre enfin sur le champ en portions régulières. Mais pour le paysan, c'est précisément en cela que consistait sa toute première tâche, sa tâche primordiale, car on ne connaissait pas encore l'engrais artificiel ; un vieux proverbe français dit bien : « Si tu veux bien marier ta fille, tu dois transporter beaucoup de fumier ».

Le soleil s'était montré généreux en lumière et en chaleur jusqu'à mi-octobre. Mais par la suite vint le temps des tempêtes, des pluies et parfois même de la neige. La tramontane dévalait les montagnes en hurlant, et cela pouvait durer des jours et des nuits. Des bourrasques de grêle s'abattaient sur les prés et sur les champs. Malmenés par la tempête, les arbres inclinaient cimes et branches vers le sol comme s'ils voulaient toucher terre. Déjà les feuilles dansaient leur ronde de mort et des branches presque nues montaient le chant funèbre et lugubre du cycle de la vie. La nuit, tout se met à trembler sous l'effet de la tempête et on peut entendre les objets inanimés joindre leurs voix au formidable concert de la nature. Sur leurs gonds rouillés, les portes couinent comme des trompettes, les vitres des fenêtres vibrent comme des fifres farceurs, tandis que les poutres vermoulues du toit jouent les basses mélancoliques. On entend de temps à autre, par intervalles, la voix de soliste des premiers violons, lorsque le vent, au loin, vient caresser les collines pelées. Je m'enroule bien dans mes couvertures et je savoure cette symphonie de la nature jusqu'à ce que le sommeil m'emporte dans le monde des rêves. Mais le lendemain, le soleil réapparaît instantanément avec une intensité intacte et nous atteignons à midi des températures de 25 degrés. Je n'aurais jamais cru que l'automne, ici, dans le sud, disposait d'une palette aussi somptueuse. En face de nous, les coteaux boisés nous offrent sur toute leur étendue un spectacle de couleurs avec lequel les cartes postales les plus kitsches ne sauraient rivaliser. L'éclatant rouge vermeil des cerisiers sauvages, marié au jaune tendre des noyers vient se mélanger à toute la palette des châtaigniers en train de se faner.

Les escargots de vigne nous donnent une idée

Entre Noël et Nouvel An, j'accompagnai Pit et Yvès pour une visite à Prades. C'est là que vivait une sœur[11] du célèbre écrivain pacifiste Alfons Paquet, qui était un ami de Romain Rolland. Elle nous parla, avec force détails et savoureuses anecdotes, de ce grand écrivain ainsi que d'autres personnalités de la vie culturelle française. Certains s'étaient retirés ici, à Prades où ils pouvaient garder le contact avec des artistes étrangers. Au nombre desquels le célèbre violoncelliste espagnol Pablo Casals [12]. Picasso aussi a dû séjourner ici un certain temps[13]. Notre hôtesse

[11] Yvonne Paquet était en fait une nièce de l'écrivain Alfons Paquet.

[12] A notre connaissance, Pablo Casals n'est arrivé à Prades qu'avec la Retirada en 1939.

[13] Il semblerait que Picasso n'ait jamais séjourné à Prades. On sait qu'il a vécu à Céret entre 1911 et 1914 et qu'il vint à Perpignan à 3 ou 4 reprises entre 1953 et 1955.

nous promit de nous inviter à un prochain concert privé de Pablo Casals. Prades était un petit chef-lieu de canton qui me ravissait : c'est une perle, tant par sa situation géographique au pied du majestueux Canigou que sur le plan architectural, avec toutes ses petites villas et leurs jardins.

Au fil du temps, le nombre des gens que nous connaissions augmentait, ce qui fait que nous recevions assez souvent des visites de Prades, surtout le week-end. Au premier rang desquels des passionnés de chasse. En France, la chasse est toujours un prétexte à boire et à manger. On ne conçoit pas la chasse sans le casse-croûte qui va avec, taillé à l'appétit de chacun, et de quoi boire. Les codes de la chasse sont appliqués ici avec une conception très élastique au point que les réserves de gibier s'en trouvent affectées. Il arrivait souvent que les chasseurs du dimanche, après avoir tiré sur tout ce qui bougeait dans les montagnes, débarquent complètement épuisés pour faire une pause sur notre terrasse ; pour ces chasseurs, c'était le meilleur moment de la journée, celui où l'on se restaure. Nous comprîmes qu'il y avait là une nouvelle opportunité d'augmenter nos revenus sans que cela ne nous coûte un gros surcroît de travail. Dans tous les coins imaginables, nous allions ramasser des escargots de vigne que nous laissions ensuite jeûner pendant des semaines, dans des récipients appropriés, pour qu'ils dégorgent tout seuls. Le jour de la chasse, on grillait ces bestioles devant les chasseurs ; en plus, on avait mis du vin en réserve, un Bordeaux blanc surtout. Ainsi nos chasseurs, allégés de tout bagage, pouvaient plus librement arpenter la montagne. Plus tard encore on imagina d'élever des lapins. On les lâchait dans la nature avant qu'ils soient trop gros et les chasseurs, entre deux coups de blanc, n'avaient pas à aller trop loin pour les tirer. Grâce à ce tour de passe-passe, ils pouvaient ainsi ne pas rentrer bredouilles auprès de leurs femmes qui les attendaient à la maison. Je concède que si nous tirions profit de ces escapades petites-bourgeoises, nous n'étions toujours pas parvenus à ce que la ferme marche enfin de façon autonome et saine.

Deux fauchés au bord de la Méditerranée

Au printemps 1936, je fis venir mon père à Mosset. Curieusement, il n'avait eu aucune difficulté à obtenir un visa pour venir en France. Bien qu'il eût la cinquantaine, il avait réussi à faire ce voyage par le train, un voyage interminable avec plusieurs correspondances et de longs temps d'attente ; c'était son premier voyage à l'étranger, une expérience qui lui avait laissé beaucoup d'impressions nouvelles et donné matière à faire mille comparaisons. Il fut particulièrement impressionné par les premiers signes du printemps qu'on pouvait déjà apercevoir partout dans le sud tandis qu'au nord sévissaient encore les froidures de l'hiver. Nous fîmes une balade de plusieurs jours d'abord dans le coin de Perpignan, puis jusqu'à la frontière espagnole en longeant la Côte Vermeille. J'avais mis quelques sous de côté pour subvenir le cas échéant à la dépense. Pour ce fils de villageois modestes, les habitudes alimentaires des Français étaient un véritable mystère. Dans ce pays, même dans les restaurants sans prétention, le repas commence toujours par une « entrée », ce hors-d'œuvre pouvant être servi sous toutes les formes possibles. A Perpignan, on nous servit un assortiment d'une quinzaine de coupelles remplies, entre autres choses, de différents amuse-gueules (des olives, des sardines à l'huile, des salades, des anchois, des pâtés). Mon père croyait qu'il s'agissait d'une sorte de repas froid et avala avec appétit ces hors-d'œuvre en grande quantité, le tout largement accompagné de pain ; vous savez : ce pain français fantastique, tout blanc et tout frais. Je multipliais les mises en garde, lui répétant qu'on n'en était qu'au début et qu'on allait nous servir d'autres plats, à base de viandes et de légumes, cela ne le découragea pas : « Mon garçon, comme il va bien falloir payer tout cela, pas question de laisser repartir quoi que ce soit en cuisine ! ». Il arriva ce qui devait arriver : il n'avait plus suffisamment faim pour venir à bout du poisson, de la viande, des légumes et bien sûr du dessert.

De Perpignan, nous poursuivîmes notre balade en passant par Elne et son cloître médiéval, Argelès-sur-Mer, Collioure et sa baie aux anchois. Chaque année la Méditerranée ramène ici des milliards et des milliards de petits poissons d'argent. Les pêcheurs vont jeter leurs filets au large et l'abondant butin qu'ils remontent est destiné aux conserveries industrielles. Ce jour-là la mer était calme et nous fîmes une longue promenade en suivant la plage, marchant sur des cadavres de sardines en pleine décomposition, assaillis par des myriades de mouches voraces avec une odeur pénétrante de pourriture qui nous montait jusqu'aux narines. S'élevant au milieu de l'eau s'offrit à notre vue une chapelle qui était manifestement un lieu de pèlerinage pour les marins et les pêcheurs[14]. Et des

[14] La Chapelle Saint Vincent.

hauteurs, où il a été érigé pour se protéger des attaques mauresques, un vieux fort du XIIe siècle nous salue[15]. Puis nous passons par Port-Vendres, le dernier port français avant la frontière avec l'Espagne que Louis XIV avait arraché aux Espagnols pour en faire un port de guerre ; et nous arrivons à Banyuls, sans doute le village le plus pittoresque de la côte des Pyrénées - Orientales. Ses vignobles en terrasses semblent glisser dans la mer. La vigne donne ici à profusion un jus rouge clair qui est transformé en un vin de dessert réputé et même en liqueur. Nous décidons de nous baigner et de pique-niquer sur place. Nous envoyons à maman une carte avec ce quatrain :

La Méditerranée : on est au bord de mer
On est vraiment fauché, l'argent est éphémère
Envoie-nous quelque chose à l'instant, ô ma mère
Sinon nous nous jetons tous les deux dans la mer.

Quelques kilomètres seulement nous séparent de Cerbère, le poste-frontière avec l'Espagne. A cette époque, on ne savait encore rien de la guerre civile espagnole qui couvait. Mais le projet de coup d'état militaire était déjà prêt ; avant fin 1936, il y avait déjà des généraux pour se rebeller contre le gouvernement légal espagnol. On en était au prologue de la Seconde Guerre mondiale.

Les adieux furent douloureux. Ni lui ni moi ne savions ni quand, ni où et si nous allions nous revoir. Contrairement à moi, mon père ne croyait pas à la réalité du risque de guerre. Pour s'expliquer, il me parlait de voisins et de collègues en Allemagne. Ils étaient la parfaite illustration des illusions que se faisait la population du Troisième Reich

---

[15] Probablement le Fort Saint Elme

à propos de la sincérité de Hitler à vouloir la paix et de la volonté des Occidentaux à lui résister sur le plan politique. Les discussions que j'avais avec lui étaient pour moi si riches d'enseignement qu'elles me permettaient effectivement d'apprécier de façon réaliste la situation dans laquelle se trouvait l'Allemagne d'Hitler. Passant en revue un certain nombre d'amis, de connaissances et d'anciens camarades, j'appris avec consternation qu'ils avaient tous été réduits au silence, et par là même à la passivité soit par la terreur, la violence ou la mise à l'écart, ou bien suite à une décision personnelle. On ne peut plus dire aujourd'hui que l'on avait le sentiment d'une résistance. Même ceux que les nazis ne purent pas récupérer idéologiquement se replièrent le plus souvent dans une sorte d'émigration intérieure. Je veux dire qu'ils coupèrent tous les ponts pour s'assurer la plus grande sécurité possible. Une chose était claire en tout cas, confirmée par nos conversations : si les Allemands se sont jetés dans les bras d'Hitler, c'est à cause de la lâcheté dont ont fait preuve les dirigeants bourgeois et sociaux-démocrates des pays occidentaux, les Allemands eux se conformant à une sorte de logique interne. Telle était ma conclusion, début 1936 : la tragédie allemande allait se répéter, cette fois-ci sous une forme européenne et même mondiale. Et ce fut malheureusement le cas.

La communauté se désagrège

Pendant ce temps beaucoup de choses avaient changé à La Coûme. Cela faisait déjà quelque temps que notre petite communauté vivait une crise de désintégration interne. Ça avait commencé par une détérioration des relations entre les personnes. Tout était prétexte à d'épouvantables altercations qui venaient compliquer le travail d'équipe. On ne travaillait plus que quand on ne pouvait faire autrement. Chacun évitait l'autre. Les relations de confiance entre les personnes, condition essentielle pour tout travail collectif efficace, s'étaient dégradées. Tout était parti d'une dispute violente entre Pit et H. sur des questions de compétences et d'organisation du travail. A la moindre occasion, c'était des prises de bec ; on était entré dans une guerre ouverte dans laquelle chacun se trouva embarqué sans qu'il y eût de raisons avérées. Lentement, mais sûrement, la communauté se disloqua et chacun sentit que nous allions vers un point de blocage total. Bien sûr les quakers, nos protecteurs, n'étaient pas du tout d'accord avec la tournure que prenaient les événements. Un beau jour, sans prévenir, celle qui avait trouvé une terre nouvelle pour notre colonie et qui en était la garante, Miss Pye débarqua à La Coûme. Des heures durant, ce ne furent qu'entretiens personnels et discussions collectives, interrogatoires et auditions (si l'on peut dire) des personnes directement concernées. Déjà à Paris, j'avais été impressionné par ce mélange de rigueur puritaine, d'attention bienveillante, et surtout de tolérance envers des convictions différentes des leurs dont pouvaient faire preuve les frères et sœurs quakers. Aux repas du midi ou du soir que l'on prenait ensemble, elle s'asseyait à notre table sans pour autant se mettre à manger avant un certain temps. Nous avions alors l'impression qu'elle nous observait tous ; nous en étions paralysés. Mais elle nous expliqua que cela correspondait chez elle à une sorte de recueillement et de prière dont elle avait besoin pour la conduite de sa vie personnelle. Il y avait là de quoi me toucher et me réjouir, moi qui avais connu le rouleau compresseur de la religion dans le sud de l'Allemagne où il fallait d'abord prier dans les églises et les monastères avant d'obtenir un quignon de pain et une assiette de soupe. D'autres membres de la communauté quaker nous laissèrent la même bonne impression, car certains profitaient d'un voyage en France pour venir à La Coûme. Ainsi par exemple, on nous annonça un jour par télégramme la visite d'une certaine Miss Cadbury. Il s'agissait de la fille de l'illustre chocolatier anglais Cadbury, qui était un frère quaker notoire. Nous pensions que nous devions l'accueillir avec tout le confort possible et lui préparâmes une chambre avec soin. Quel ne fut pas notre étonnement : nous vîmes arriver une jeune fille sportive qui, aussitôt débarquée, monta, à côté de la maison et à l'abri du vent, la tente qu'elle avait emportée, se lavant le matin dans le ruisseau et partant en randonnée presque toute la journée. D'après ce qu'elle nous raconta de sa vie au collège d'Oxford, je compris clairement que l'un des facteurs essentiels qui faisaient la force de la classe dominante en Angleterre était l'éducation spartiate de sa jeunesse.

La conclusion tirée par Miss Pye de son évaluation de la situation était prévisible. H. devait quitter la ferme immédiatement. Il retourna à Paris et, comme nous l'apprîmes plus tard, il s'expatria outre-mer. Pit partit avec Miss Pye quelque part dans le sud de la France pour rencontrer les responsables quakers chargés de l'aide aux réfugiés ; il s'agissait de faire le tour complet cette fois de toutes les conditions économiques nécessaires à la réussite de l'expérience. Pit en ramena une sorte de solution intermédiaire : un soutien renforcé de la banque et les pleins pouvoirs pour lui-même. Bientôt les Stutterich quittèrent aussi La Coûme parce qu'ils pensaient qu'ils s'en sortiraient mieux en Angleterre. Et moi j'estimais qu'il était temps de mettre un terme à mon apprentissage en agriculture. Je restai cependant quelques mois encore à La Coûme, d'autant plus qu'en période hivernale, la charge de travail se limitait aux tâches quotidiennes qui étaient absolument nécessaires.

Après le départ de H., Pit essaya d'influer positivement sur le moral des associés qui restaient : il s'agissait de leur donner du courage et de les distraire un peu. A cet effet, il organisa à la fin de l'automne 1936 une randonnée en altitude sur les hauteurs des Pyrénées, jusqu'au sommet du Canigou (2800 m). Je vécus ce jour-là une expérience rare qui renforça mon attachement à ce pays merveilleux qu'est la Catalogne, mais qui rendra la séparation encore plus douloureuse le jour où j'en partirai. Nous nous rendîmes le matin à Prades avec la voiture qui servait à transporter le lait. En face de nous, le sommet blanc du Canigou resplendissait sous le soleil matinal. C'est sans aucun doute l'une des montagnes les plus impressionnantes d'Europe. Pendant longtemps on la considéra comme la plus élevée des Pyrénées. Cependant il y a dans les Pyrénées centrales et occidentales trois montagnes qui le dépassent de quelques centaines de mètres. J'ajoute que son sommet est visible depuis Barcelone et Montpellier et – c'est ce que j'ai entendu dire – par temps clair, on peut même l'apercevoir depuis Marseille. Et puis, il nous fait l'effet de sortir des flots de la Méditerranée.

L'ascension démarre à l'abbaye Saint-Michel de Cuxa, où nous traversons d'immenses pâturages ; on y rencontre de grands troupeaux de moutons et des bergers solitaires qui, tout en tricotant, appellent leurs chiens et leur donnent des ordres. Puis nous traversons des forêts avec des essences d'une grande variété et toujours inexploitées ; on arrive ensuite à des champs d'éboulis, pour enfin trouver la neige beaucoup plus haut, à environ 2000 m. Six heures plus tard exactement, nous avons atteint le sommet et nous découvrons par-delà l'immensité de l'autre versant, un univers vide, celui des Pyrénées espagnoles. La descente nous conduit à l'abbaye Saint-Martin, à proximité de laquelle nous pouvons passer la nuit gratuitement dans une sorte d'auberge de jeunesse. Cette abbaye est érigée sur le dos d'une colline au pied du colosse, à 1000 mètres d'altitude environ ; elle fut construite sur instruction du pape Serge IV, à partir de 1045, augmentée d'un petit cloître en l'honneur de Saint Benoît. Vers 1400 des bandes de pillards détruisirent l'abbaye et le cloître, ainsi que le Casteil, un petit hameau tout proche. Ce ne fut que bien plus tard, avec le soutien de l'évêque de Perpignan que le village et le monastère furent reconstruits et depuis lors, nombreux sont les promeneurs à pouvoir, à partir de cet endroit, apprécier la beauté des montagnes des Pyrénées. Poursuivant notre descente, nous arrivâmes à Vernet-les-Bains, l'une des plus belles petites villes de la région. Située à 650 m d'altitude, cette station thermale aux eaux sulfureuses possède l'un des plus beaux parcs de toute la contrée avec des cèdres, des cyprès, beaucoup de palmiers ; on y trouve aussi de nombreux massifs de mimosas, mais, à cette époque avancée de l'automne, ils sont fanés depuis longtemps. Malgré l'altitude, le climat, ici, est particulièrement doux, parce que cet endroit est protégé du vent et bénéficie d'un fort ensoleillement.

Cette excursion en montagne fit une forte impression sur nous tous mais son effet bénéfique ne dura pas ; des semaines après, flottait toujours entre nous un air de discorde et, en dépit de tous nos efforts, nous ne parvînmes pas à prendre un nouveau départ. L'expérience louable d'une coopérative agricole avait échoué. Néanmoins, Pit et Yvès ne renoncèrent pas et purent, grâce au travail de la terre et à l'élevage des animaux, assurer leur existence de nombreuses années encore.

Ce qu'il advint de La Coûme, au-delà de la Seconde Guerre mondiale, je ne l'appris que vingt ans plus tard par des récits, des témoignages littéraires et une longue correspondance avec Pit et Yvès Krüger. J'appris ainsi, et cela me toucha tout particulièrement, que cette guerre, la plus terrible de toutes les guerres, avait aussi jeté son ombre sur le petit village de Mosset perché sur sa montagne. Lorsque le sud de la France fut occupé par l'armée allemande en 1943, s'affichèrent dans la région, à la frontière espagnole, les zélateurs français d'Hitler qui jusque-là étaient restés discrets, les Croix-de-Feu et les disciples de Darnand ; entre autres choses, ils tentèrent d'intimider la population en exerçant sur eux une terreur sadique. Ils trouvèrent un allié déclaré en la personne du nouveau curé catholique, un franquiste qui venait d'être mis en place[16]. La Coûme étant devenue un centre d'aide aux enfants de réfugiés espagnols, le curé n'avait pas tardé à y voir un « asile du diable ».

[16] Il s'agit d'Isidore Pailler, né à Geras en Espagne, curé de Mosset de 1939 à 1944. Soupçonné de collaboration, il fut exécuté par des maquisards le 6 août 1944.

Un jour, Pit fut enlevé par la milice fasciste, jeté en prison et livré aux Allemands. Ainsi commença pour lui un long voyage de souffrances à travers la France et l'Allemagne, jusqu'à Berlin d'où il fut directement envoyé en captivité dans un camp soviétique. Ce n'est que longtemps après la guerre, en 1949, qu'il revint à Mosset. Yvès avait réussi durant tout ce temps douloureux à maintenir à flot l'exploitation et à subvenir à l'existence de leurs enfants en s'usant à la tâche. Enfin, ils allaient pouvoir penser au projet qu'ils mûrissaient depuis longtemps : édifier un lieu d'éducation libre, une école à la campagne, ou peut-être un internat pédagogique. Dans les trois années difficiles qui suivirent, le « Centre éducatif de La Coûme » vit le jour ; la complexité de son évolution mériterait d'être présentée dans le détail pour servir de contribution à l'histoire de la pédagogie moderne.

Cette école de plein air, implantée dans les montagnes pyrénéennes, se veut une école où l'on essaie de créer un équilibre entre éducation intellectuelle, manuelle, physique ainsi que musicale. Une cinquantaine de jeunes de plusieurs pays s'essaient à cette vie communautaire à la fois joyeuse et naturelle, mais aussi portée par une réelle envie d'apprendre.

Traduction Annick Carlier

Un jour, Pit fut enlevé par la milice fasciste, jeté en prison et livré aux Allemands. Ainsi commença pour lui un long voyage de souffrances à travers la France et l'Allemagne jusqu'à Berlin, où il fut directement envoyé en captivité dans un camp [illegible]. C'est là que [illegible]

Photos et documents

La Coûme en 1933

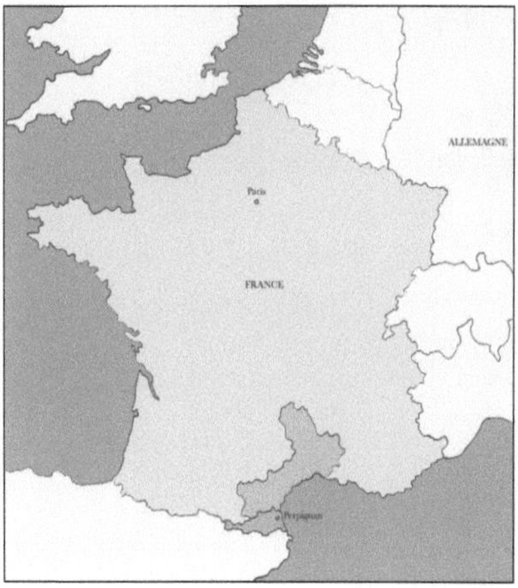

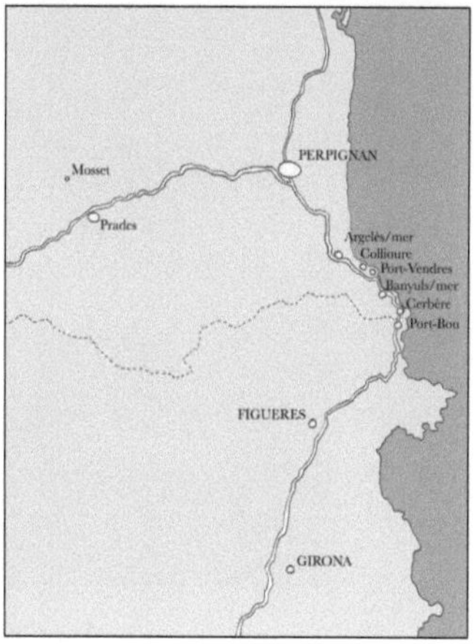

La Coûme à l'époque de Werner.

La Coûme en 1950.

La Coûme en 2013.

Peinture représentant la Coûme datant de 1937.

Pitt, Veronika, Yvès et Jamine (+ Oshia et Jean-Claude, juillet 1937, photographie prise par Denis Healey).

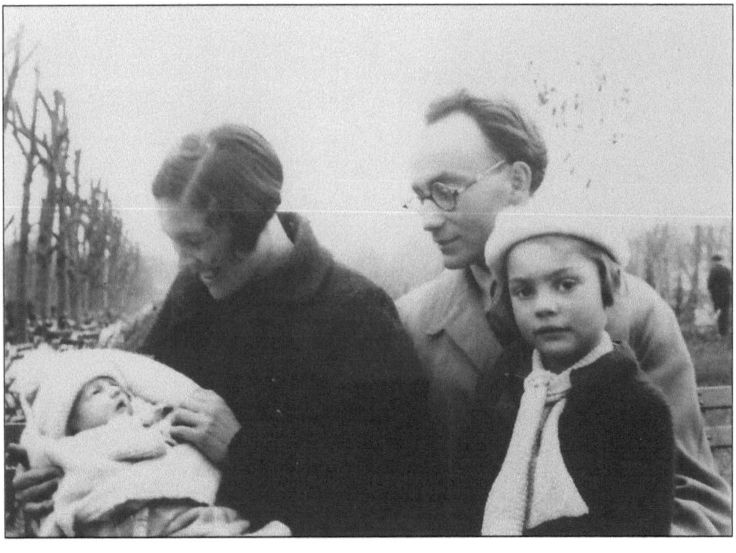

Les Krüger en 1936.

Pitt, Yvès et dames Quaker anglaises.

Werner derrière la petite Jamine et Pitt à sa droite.

Elvi & Werner Thalheim après la guerre lors d'une visite à Berlin.

Werner avec sa fille Barbara en 1950.

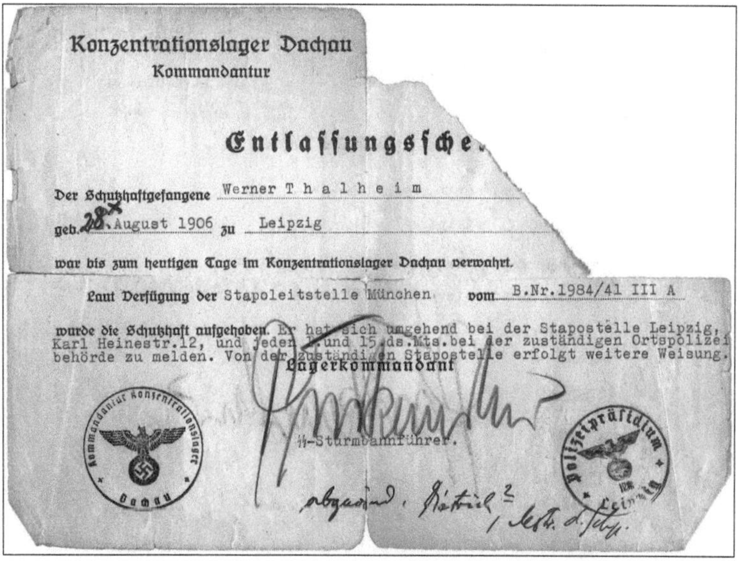
Konzentrationslager Dachau
Kommandantur

Entlassungssche[...]

Der Schutzhaftgefangene Werner T h a l h e i m

geb. 28. August 1906 zu Leipzig

war bis zum heutigen Tage im Konzentrationslager Dachau verwahrt.

Laut Verfügung der Stapoleitstelle München vom B.Nr.1984/41 III A

wurde die Schutzhaft aufgehoben. Er hat sich umgehend bei der Stapostelle Leipzig, Karl Heinestr.12, und jeden 1. und 15.ds.Mts.bei der zuständigen Ortspolizeibehörde zu melden. Von der zuständigen Stapostelle erfolgt weitere Weisung.

Lagerkommandant

SS-Sturmbannführer.

Attestation de sortie du camp de concentration de Dachau.

Werner en 1938.

Werner Thalheim retraité, en 1987 sur l'île d'Usedom.

Barbara Thalheim aujourd'hui.

Yvès en 1970.

Yvès plus âgée.

Pitt en 1970.

Pitt plus âgé.

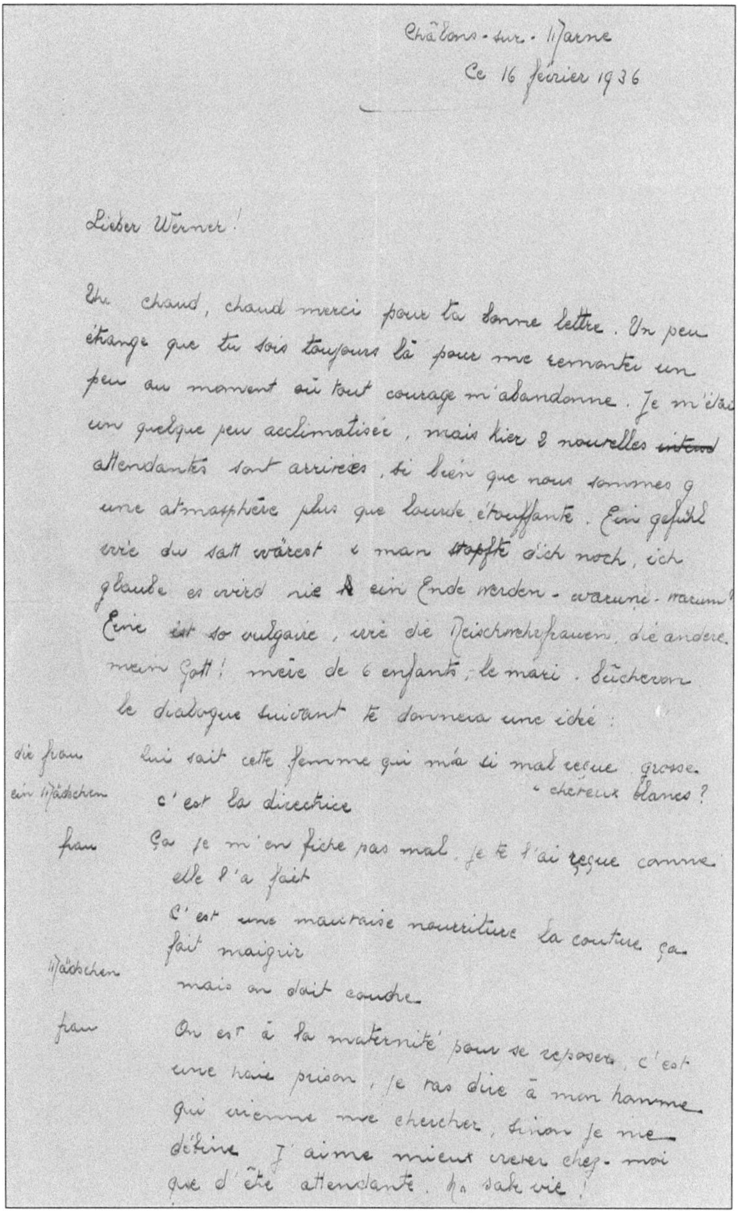

Châlons-sur-Marne
Ce 16 février 1936

Lieber Werner!

Un chaud, chaud merci pour ta bonne lettre. Un peu étrange que tu sois toujours là pour me remonter un peu au moment où tout courage m'abandonne. Je m'étais un quelque peu acclimatisée, mais hier 2 nouvelles ~~intend~~ attendantes sont arrivées, si bien que nous sommes g une atmosphère plus que lourde étouffante. Ein gefühl wie du satt wärest & man ~~stopfte~~ dich noch, ich glaube es wird nie ein Ende werden - warum - warum! Eine ist so vulgaire, wie die Fleischmarktfrauen, die andere mein Gott! mère de 6 enfants, le mari bûcheron le dialogue suivant te donnera une idée:

die Frau — Qui sait cette femme qui m'a si mal reçue grosse & cheveux blancs?

ein Mädchen — c'est la directrice

Frau — Ça je m'en fiche pas mal, je te l'ai reçue comme elle l'a fait

C'est une mauvaise nourriture la couture ça fait maigrir

Mädchen — mais on doit coucher

Frau — On est à la maternité pour se reposer, c'est une vraie prison, je vas dire à mon homme qui vienne me chercher, sinon je me débine J'aime mieux crever chez-moi que d'être attendante. Ma sale vie!

Lettre d'Yvès à Werner, le 16 février 1936 (1/4).

Sur ce thème tous les jours & le vocabulaire est d'une grossièreté. War es nötig ein derartige Aufenthalt noch kennen zu lernen, wie wieder Wohltätigkeit, es ist ein zu bittere Medizin. A part ça, je fais toujours mes 8 heures de couture. L'on m'a fait chef de travail sur ce petit groupe & la directrice a jusqu'alors loué mon ouvrage. Miss Pye pensera "elle est au moins bonne à quelquechose"!! Depuis 15 jours je ne fais que travailler pour la réserve, aujourd'hui dimanche j'ai du raccommoder 7 paires de bas à Melle Merle!! La secrétaire a déclaré "vous ne devez pas encore accoucher, nous avons encore beaucoup de travail pour vous - on coupe - on prépare un tas de linge neuf. J'aurais au moins rempli ma place, mais on s'occupe plus de ma couture que du moral par exemple! Et avec ça j'aurai sûrement du retard dans l'accouchement car cette vie assise ne fait pas arriver les choses vite. Ich fühle mich sehr wenig mutig & es grenzt beinahe an Indifferenz was mit mir geschieht. Immer dieselbe Einsamkeit & Depression. Ich kann kaum sehen wenn die Männer sorgvoll hin & her marschieren & dann strahlend am nächsten Tag kommen oder wenn am Sonntag die Mädels ihren rührenden Mütter wieder sehen - es ist zum heulend. ~~Ihr~~ Ihr könnt Euch kaum ein Begriff machen von diese Widerspruch? Lage machen. Dieser hygienische Vorrichtung & dann ein Fall dieses primitiven Kulturniveau. Wir sind auf der Couche auf etwas unnormale Leben geschwungen aber wir halten trotzdem dabei ein idee von d. damaligen Zeit

Lettre d'Yvès à Werner, le 16 février 1936 (2/4).

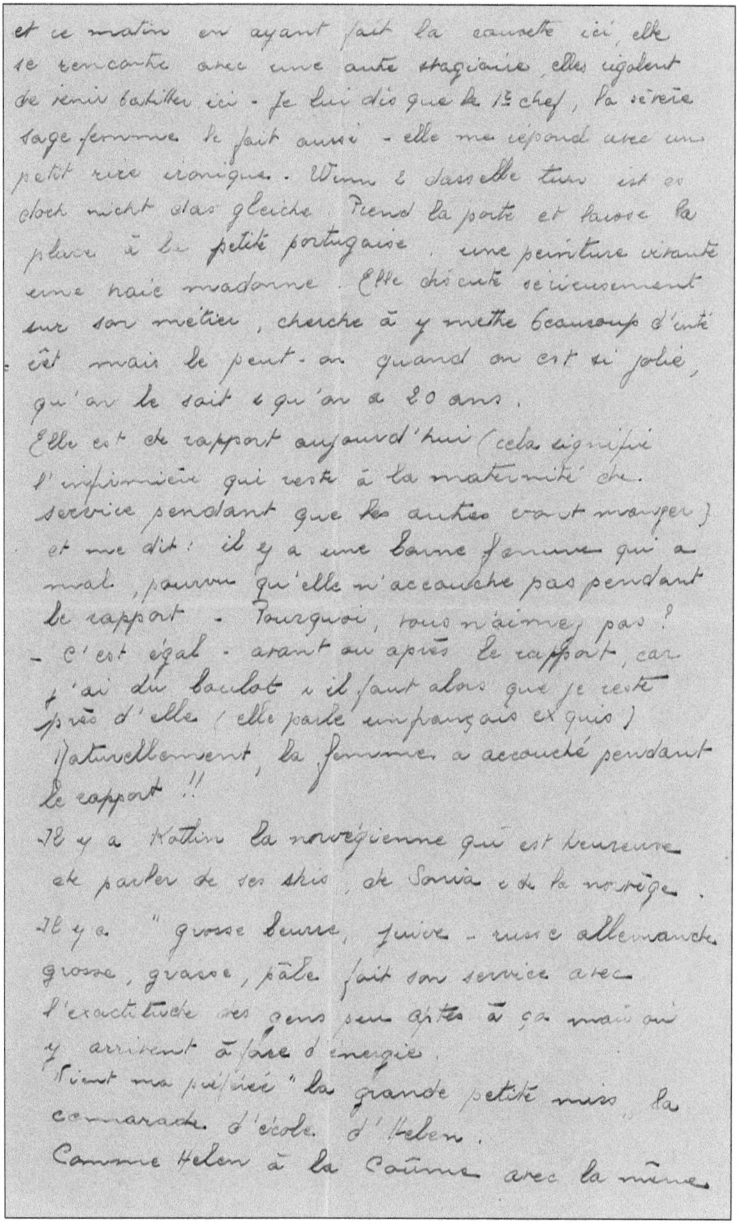

et ce matin en ayant fait la causette ici, elle se rencontre avec une autre stagiaire, elles rigolent de venir bafouiller ici - je lui dis que la 1re chef, la sévère sage-femme le fait aussi - elle me répond avec un petit rire ironique. Wenn e dasselbe tun ist es doch nicht das gleiche. Prend la porte et laisse la place à la petite portugaise, une peinture vivante une vraie madonne. Elle discute sérieusement sur son métier, cherche à y mettre beaucoup d'intérêt mais le peut-on quand on est si jolie, qu'on le sait & qu'on a 20 ans.

Elle est de rapport aujourd'hui (cela signifie l'infirmière qui reste à la maternité de service pendant que les autres vont manger) et me dit : il y a une bonne femme qui a mal, pourvu qu'elle n'accouche pas pendant le rapport. - Pourquoi, vous n'aimez pas ? - C'est égal - avant ou après le rapport, car j'ai du boulot & il faut alors que je reste près d'elle (elle parle un français exquis) Naturellement, la femme a accouché pendant le rapport !!

Il y a Kathin la norvégienne qui est heureuse de parler de ses skis, de Sonia & de la norvège.

Il y a "grosse beurre", juive - russe allemande grosse, grasse, pâle fait son service avec l'exactitude des gens peu aptes à ça mais qui y arrivent à force d'énergie.

Vient ma préférée "la grande petite miss" la camarade d'école d'Helen.

Comme Helen à la Coûme avec la même

Lettre d'Yvès à Werner, le 16 février 1936 (3/4).

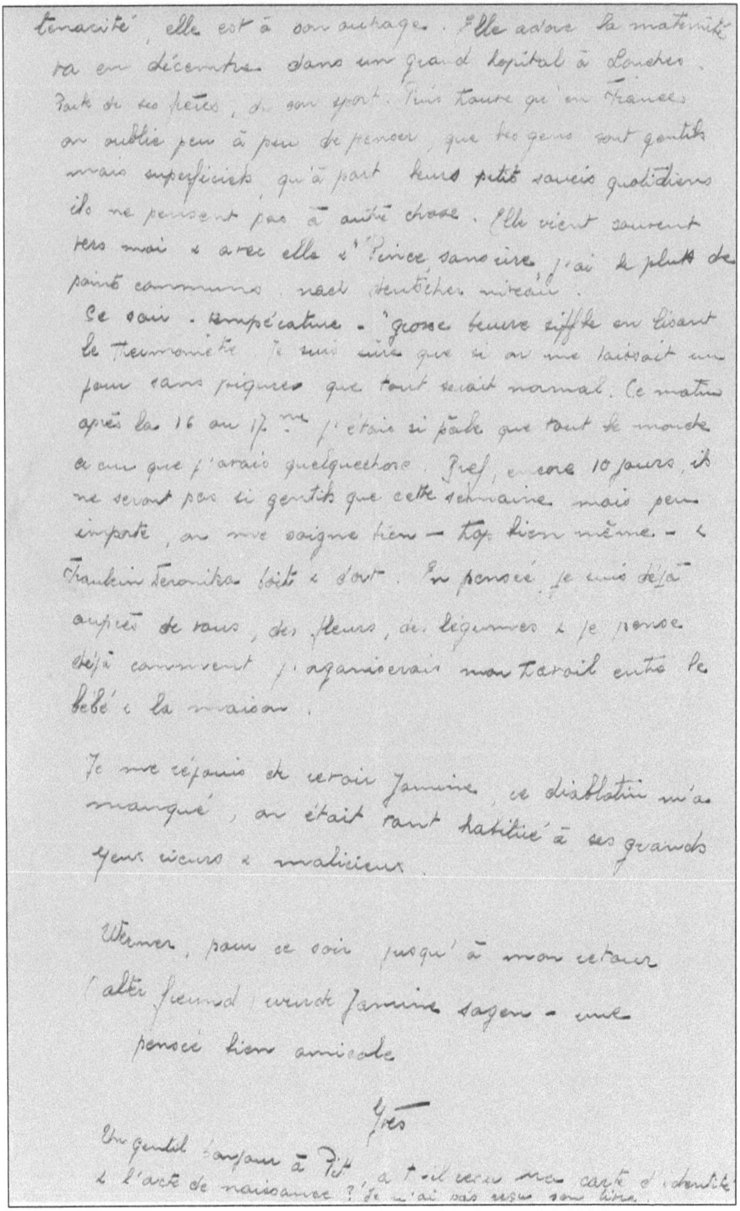
ténacité, elle est à son ouvrage. Elle adore la maternité va en décembre dans un grand hôpital à Londres. Parle de ses fêtes, de son sport. Puis toute qu'en France on oublie peu à peu de penser, que les gens sont gentils mais superficiels, qu'à part leurs petits soucis quotidiens ils ne pensent pas à autre chose. Elle vient souvent vers moi & avec elle & Prince sans rire, j'ai le plus de points communs nach deutschem niveau.
Ce soir - température - grosse heure siffle en lisant le thermomètre. Je suis sûre que si on me laissait un jour sans piqûres que tout serait normal. Ce matin après la 16 ou 17me j'étais si pâle que tout le monde a cru que j'avais quelquechose. Bref, encore 10 jours, ils ne seront pas si gentils que cette semaine mais peu importe, on me soigne bien — trop bien même — & Fräulein Veronika bitte & dort. En pensée je suis déjà auprès de vous, des fleurs, des légumes & je pense déjà comment j'organiserais mon travail entre le bébé & la maison.

Je me réjouis de revoir Jannine, ce diablotin m'a manqué, on était tant habitué à ses grands yeux vivants & malicieux.

Werner, pour ce soir jusqu'à mon retour l'alter Freund, werde Jannine sagen - une pensée bien amicale

Yves

Un gentil bonjour à Pit
& l'acte de naissance ? a-t-il reçu ma carte d'identité. Je n'ai pas reçu son livre.

Lettre d'Yvès à Werner, le 16 février 1936 (4/4).

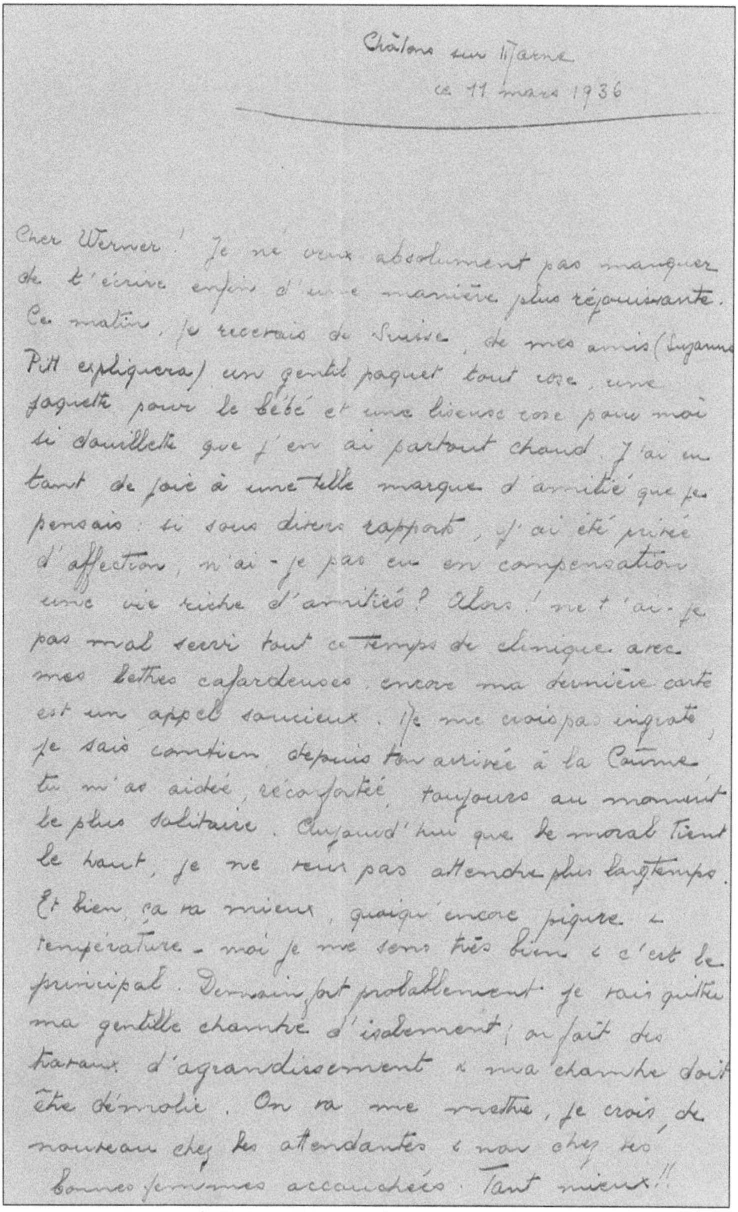

Châlons sur Marne
ce 11 mars 1936

Cher Werner ! Je ne veux absolument pas manquer
de t'écrire enfin d'une manière plus réjouissante.
Ce matin, je recevais de Suisse, de mes amis (Suzanne
Pitt expliquera) un gentil paquet tout rose, une
jaquette pour le bébé et une liseuse rose pour moi
si douillette que j'en ai partout chaud. J'ai eu
tant de joie à une telle marque d'amitié que je
pensais : si sous divers rapports, j'ai été privée
d'affection, n'ai-je pas eu en compensation
une vie riche d'amitiés ? Alors ! ne t'ai-je
pas mal servi tout ce temps de clinique avec
mes lettres cafardeuses, encore ma dernière carte
est un appel soucieux. Je ne crois pas ingrate,
je sais combien depuis ton arrivée à la Cavène
tu m'as aidée, réconfortée, toujours au moment
le plus solitaire. Aujourd'hui que le moral tient
le haut, je ne veux pas attendre plus longtemps.
Et bien, ça va mieux, quoiqu'encore piqure &
température - moi je me sens très bien & c'est le
principal. Demain fort probablement je vais quitter
ma gentille chambre d'isolement ; on fait des
travaux d'agrandissement & ma chambre doit
être démolie. On va me mettre, je crois, de
nouveau chez les attendantes & non chez ces
bonnes femmes accouchées. Tant mieux !!

Lettre d'Yvès à Werner, le 11 mars 1936 (1/4).

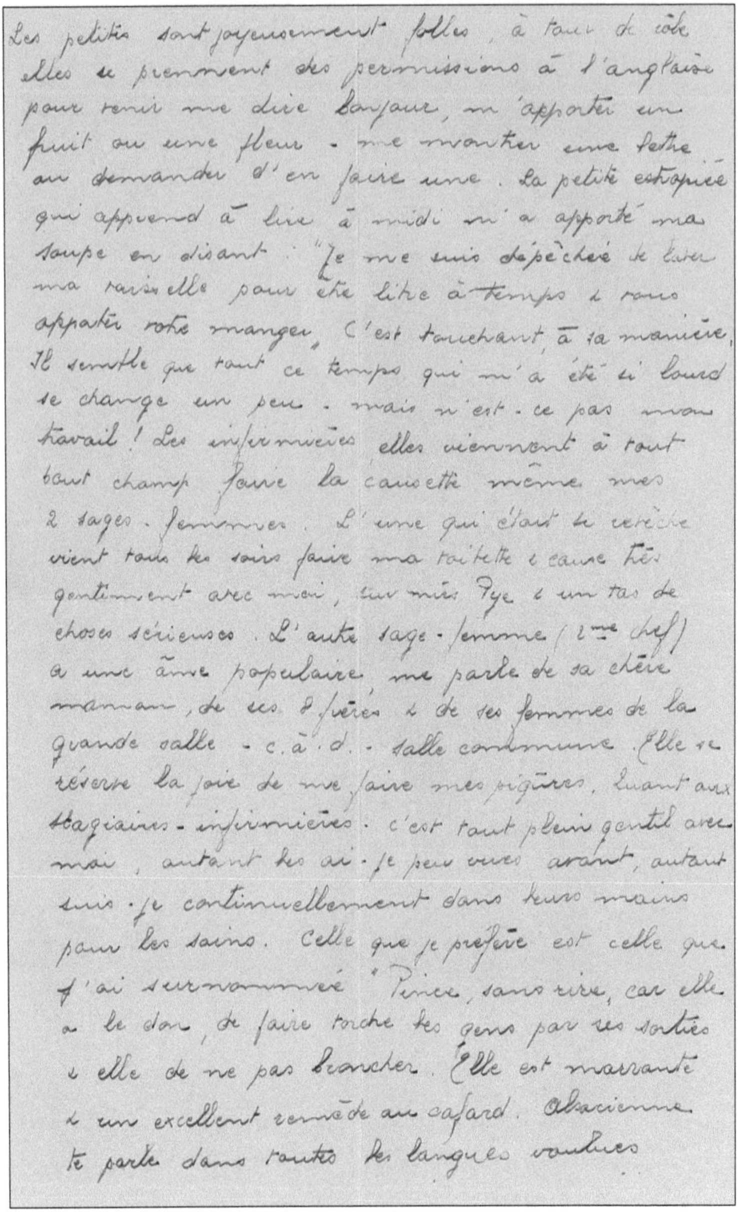
Les petites sont joyeusement folles, à tour de côté elles se prennent des permissions à l'anglaise pour venir me dire bonjour, m'apporter un fruit ou une fleur - me montrer une lettre ou demander d'en faire une. La petite estropiée qui apprend à lire à midi m'a apporté ma soupe en disant : "Je me suis dépêchée de laver ma vaisselle pour être libre à temps et vous apporter votre manger." C'est touchant, à sa manière. Il semble que tout ce temps qui m'a été si lourd se change un peu - mais n'est-ce pas mon travail ! Les infirmières elles viennent à tout bout champ faire la causette même mes 2 sages-femmes. L'une qui était si revêche vient tous les soirs faire ma toilette et cause très gentiment avec moi, sur miss Pye et un tas de choses sérieuses. L'autre sage-femme (2me chef) a une âme populaire, me parle de sa chère maman, de ses 8 frères et de ses femmes de la grande salle - c.à.d. - salle commune. Elle se réserve la joie de me faire mes piqûres, quant aux stagiaires-infirmières c'est tout plein gentil avec moi, autant les ai-je peu vues avant, autant suis-je continuellement dans leurs mains pour les soins. Celle que je préfère est celle que j'ai surnommée "Pince sans rire, car elle a le don de faire tordre les gens par ses sorties et elle de ne pas broncher. Elle est marrante et un excellent remède au cafard. Alsacienne te parle dans toutes les langues voulues

Lettre d'Yvès à Werner, le 11 mars 1936 (2/4).

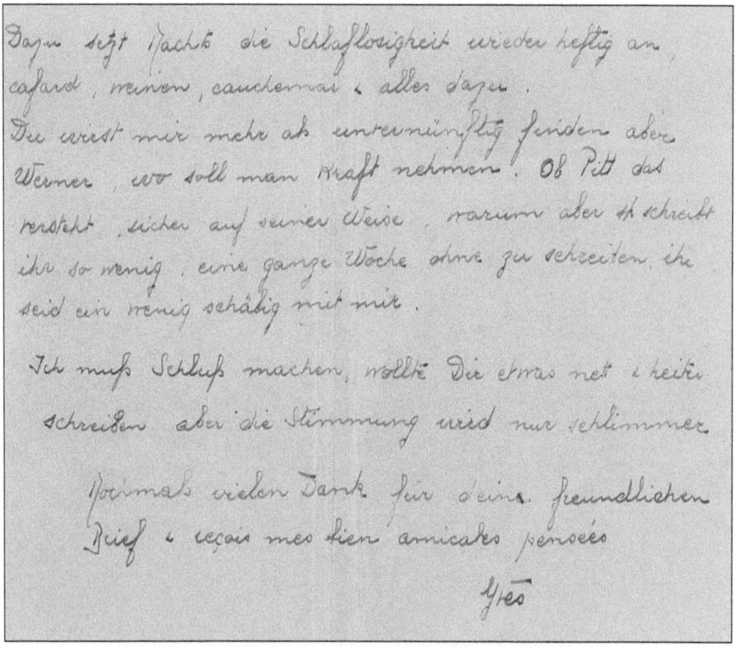

Dazu setzt Nachts die Schlaflosigkeit wieder heftig an,
cafard, weinen, cauchemar & alles dazu.
Du wirst mir mehr als unvernünftig finden aber
Werner, wo soll man Kraft nehmen. Ob Pitt das
versteht, sicher auf seiner Weise, warum aber ihr schreibt
ihr so wenig, eine ganze Woche ohne zu schreiben, ihr
seid ein wenig schäbig mit mir.

Ich muß Schluß machen, wollte Dir etwas net & heiter
schreiben aber die Stimmung wird nur schlimmer.

Nochmals vielen Dank für deinen freundlichen
Brief & reçois mes bien amicales pensées

Yves

Lettre d'Yvès à Werner, le 11 mars 1936 (3/4).

Donne, je te prie
ces coupures de journaux
à Pitt, je te prie.
Bonnes amitiés.

Lettre d'Yvès à Werner, le 11 mars 1936 (4/4).

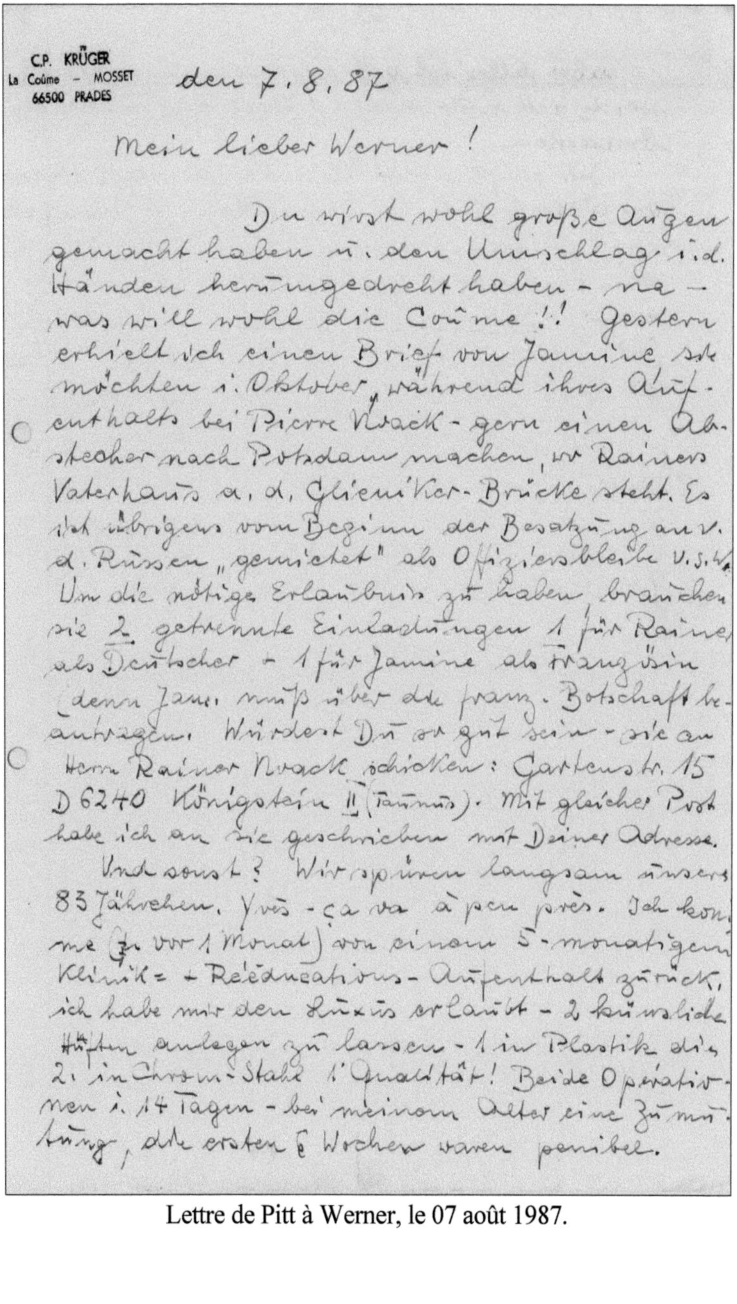

C.P. KRÜGER
La Coûme – MOSSET
66500 PRADES

den 7.8.87

Mein lieber Werner!

Du wirst wohl große Augen gemacht haben u. den Umschlag i.d. Händen herumgedreht haben – na – was will wohl die Coûme!! Gestern erhielt ich einen Brief von Janine sie möchten i. Oktober, während ihres Aufenthalts bei Pierre Noack – gern einen Abstecher nach Potsdam machen, wo Rainers Vaterhaus a.d. Glienicker-Brücke steht. Es ist übrigens vom Beginn der Besatzung an v. d. Russen „gemietet" als Offiziersbleibe v.s.w. Um die nötige Erlaubnis zu haben brauchen sie 2 getrennte Einladungen 1 für Rainer als Deutscher + 1 für Janine als Französin (denn Jan. muß über die franz. Botschaft beantragen. Würdest Du so gut sein – sie an Herrn Rainer Noack schicken: Gartenstr. 15 D 6240 Königstein II (Taunus). Mit gleicher Post habe ich an sie geschrieben mit Deiner Adresse.

Und sonst? Wir spüren langsam unsere 83 Jährchen. Yves – ça va à peu près. Ich komme (zu vor 1 Monat) von einem 5-monatigen Klinik- + Rééducations-Aufenthalt zurück, ich habe mir den Luxus erlaubt – 2 künstliche Hüften anlegen zu lassen – 1 in Plastik die 2. in Chrom-Stahl 1' Qualität! Beide Operationen i. 14 Tagen – bei meinem Alter eine Zumutung, die ersten 6 Wochen waren penibel.

Lettre de Pitt à Werner, le 07 août 1987.

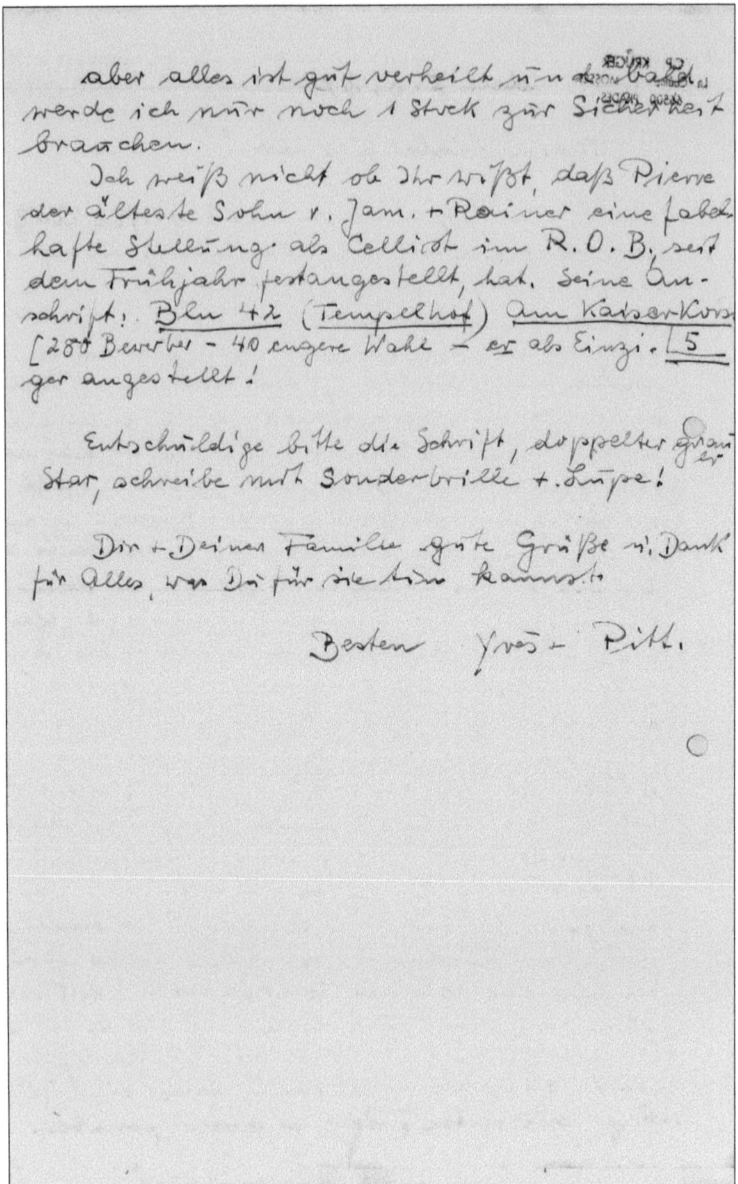

aber alles ist gut verheilt und bald werde ich nur noch 1 Stück zur Sicherheit brauchen.

Ich weiß nicht ob Ihr wißt, daß Pierre der älteste Sohn v. Jam. + Rainer eine fabelhafte Stellung als Cellist im R.O.B. seit dem Frühjahr festangestellt, hat. Seine Anschrift: Bln 42 (Tempelhof) Am Kaiser-Korso 5
[280 Bewerber – 40 engere Wahl – er als Einziger angestellt!

Entschuldige bitte die Schrift, doppelter grauer Star, schreibe mit Sonderbrille + Lupe!

Dir + Deiner Familie gute Grüße u. Dank für Alles, was Du für sie tun kannst.

Besten Yves + Pitt.

Lettre de Pitt à Werner, le 07 août 1987 (2/2).

C. P. KRÜGER
La Coûme MOSSET
66500 PRADES

den 31. 8. 87

Lieber Werner, liebe Elvi!

Wußte ich es doch, daß wir uns nicht umsonst an Euch wenden konnten u. herzlichen Dank für Alles, was Ihr für den Herzenswunsch der Noacks getan habt, ihre Geburtsstadt wiederzusehen. Ich glaube kaum, daß sie in P'dam übernachten wollen - da sie bei Pierre übernachten. Vom Tempelhof werden sie wohl relatif rasch nach P'dam kommen (oder?) Adresse von Pierre Noack Kaiserkorso 5 B'lin 42.

Wir waren glücklich u. froh die beiden Brüder u. Annette eine Woche hier gehabt zu haben. Da ich nicht nach Banyuls zu ihrem Konzert Klavier + Cello fahren konnte - aber zum Orgelkonzert in Vinça (Florian) konnte ich fahren. Ein schöner Abend - eine wunderbare seltene Orgel - u. ein beachtenswerter Interpret. Ich hatte ihn seit 4 Jahren nicht mehr gehört - welch ein Fortschritt. In der klass. Musik ist es schwer sich einen Platz zu schaffen aber wir sind sicher, daß sie es erreichen werden. Beiliegend ein Programm des Casals-Festivals i. Prades. Ihr werdet feststellen, daß für das Genre v. Barbara kein Platz ist - aber ich werde i. kommenden Jahr Ausschau halten, unter den etwa 50 Festivals sind mehrere, wo sie

Lettre de Pitt à Werner, le 31 août 1987 (1/2).

erst unterkommen konnte.
Der Sommer ist wie bei Euch völlig „pourri", durcheinandergeraten. Mal 3-4 Tage Hitze - dann Gewitter - und wie vor 4 Tagen muß man am Abend heizen.

Meine Gehversuche machen guten Fortschritt - auf meinem 1. Stock u. i. Küche + Refektoire gehe ich schon ohne Stock - ich darf mir aber einen neuen Sturz beileibe nicht erlauben. Yves merkt nun langsam auch die 80er (83) Im Moment sind wir mit einem netten jungen Deutschen ganz allein hier (noch für 4 Tage) dann beginnt langsam das Schuljahr

Die Augen lassen nach.

Euch Beiden herzlichen Gruß

Pitt + Yves

Lettre de Pitt à Werner, le 31 août 1987 (2/2).

Zur Vorgeschichte

Ich wurde 1906 in Leipzig geboren, erlernte dort den Beruf des Buchdruckers und schloss mich 1921 der Sozialistischen Jugendbewegung an. 1925 trat ich in die KPD (Kommunistische Partei Deutschlands) ein, aus der ich 1929 wegen meiner Ablehnung der RGO-Politik (Revolutionäre Gewerkschafts-Opposition) meiner Partei ausgeschlossen wurde. Bis 1931 gehörte ich der KPO (Kommunistische Partei Opposition) an. Danach wechselte ich in die neu geschaffene SAP (Sozialistische Arbeiter Partei), deren Vorsitzender in Leipzig ich bis 1932 gewesen bin.

Bis zum Reichstagsbrand 1933 arbeitete ich als Redakteur der Tageszeitung der SAP in Breslau. Dort entzog ich mich meiner unmittelbar bevorstehenden Verhaftung durch Flucht nach Frankreich.

In Frankreich gelang es mir nicht eine Aufenthaltsgenehmigung zu erhalten. Und so nahm ich das Angebot eines Straßburger Rechtsanwaltes mit guten Kontakten zur Emigrantenszene an, mir eine Arbeit in Algier zu besorgen. Er besorgte mir eine Schiffskarte zur Überfahrt von Marseille nach Nordafrika.

In Algier erhielt ich über einen Kontaktmann Arbeit in einer von englischen Ärzten geführten Abtreibungsklinik für gut betuchte Europäerinnen. Ich wurde als Reinigungskraft für die Operationssäle eingestellt. Die Bedingungen für diesen Job erfüllte ich zu 100 Prozent: keine Sprachkenntnisse, damit so wenig wie möglich von dem dortigen Geschehen nach außen drang.

In Algier lernte ich Vertreter der englischen Religionsgemeinschaft der Quäker kennen, die mir nach einem Jahr, als meine Aufenthaltsgenehmigung für Algerien abgelaufen war, die Rückreise nach Frankreich ermöglichten und mir die Mitarbeit in einer Landkommune auf der Mas de la Coûme in den französischen Pyrenäen, die die Quäker als Überlebenschance für politische Flüchtlinge erworben hatten, anboten. Dort arbeitete und lebte ich mit Pit[17] und Yves Krüger, sowie weiteren Emigranten von 1934 bis 1937. Danach ging ich nach Paris, wo ich bis 1939 Arbeit als Maschinensetzer in einer Druckerei fand.

In der Zwischenzeit hatte ich mich mit Paulette aus Colombes verheiratet.

Nach Kriegsausbruch im September 1939 von der französischen Regierung interniert, wurde ich mit anderen Emigranten als Prestataire zum militärischen Arbeitseinsatz nach Saint-Nazaire verpflichtet. Dort wurden wir bereits im Juni 1940 von den deutschen Truppen überrollt. Mir gelang die Flucht nach Paris, wo ich in Colombes bei der Familie meiner französischen Frau Zuflucht fand. Obwohl ich mit einer Französin verheiratet war, galt ich nach wie vor als

[17] Werner Thalheim schreibt « Pit » mit einem « t » - wir haben diese Schreibweise respektiert

Illegaler. Ich hatte keine Aufenthaltspapiere, keine Lebensmittelkarten. Ich war ständig gefährdet, verhaftet zu werden.

Versuche in die Résistance zu gehen, scheiterten unter anderem auch daran, dass wie in der KPD auch in der SAP strenge Regeln der Parteidisziplin galten. Aus Deutschland emigrieren sollte nur, wer von der Partei dazu aufgefordert worden war. Ich aber war aus Breslau „auf eigene Faust" geflohen. In Algier hatte ich sogar Arbeit gefunden, ohne dafür die Hilfe meiner Partei in Anspruch genommen zu haben. Als ich nach meiner Rückkehr von Afrika nach Frankreich wieder Kontakt zu der illegalen SAP-Leitung in Paris aufnahm, war man mir gegenüber sehr misstrauisch. Ich bekam ein Parteiverfahren unter anderem deshalb, weil ich aus Algier unter Nichtbeachtung der Gesetze der Illegalität Briefe mit der Bitte um finanzielle Unterstützung an die SAP-Mitglieder in Paris geschrieben hatte.

Außerdem hatte ich mich durch meine Flucht nach Afrika zeitweise der Kontrolle der Partei entzogen. Da die Gestapo ihre Spitzel immer öfter auch in Emigrantenkreise einschleusen konnte, war das Misstrauen durchaus nachzuvollziehen. Man warf mir vor, dass ich meine persönlichen Belange – das Überleben – über die Interessen der Partei gestellt hatte.

In Paris nahm ich die Identität eines in Colombes beim Einmarsch der Deutschen tödlich verunglückten Franzosen an und hieß von nun an Jean Colmar, geboren am 10.7.1910 in Strasbourg, wohnhaft in Bois-Colombes, 5, Rue St. Didier. Beim Versuch, mir auf der Präfektur einen legalen Ausweis zu verschaffen, wurde ich verhaftet, ins Gefängnis in die Rue de la Santé gebracht und von dort über Metz am

14.9.1940 mit 126 Kameraden ähnlichen Schicksals in das KZ Dachau eingeliefert.

Vom KZ Dachau wurde ich im Frühjahr 1945 als letzte Kampfreserve der Deutschen Wehrmacht zur West-Front überstellt. Wieder gelang mir die Flucht. In einer SS-Uniform, auf einem gestohlenen Fahrrad erreichte ich Anfang April meine Heimatstadt Leipzig, wo ich mich im Keller eines befreundeten Schneidermeisters zwischen Stoffballen verstecken konnte, bis die Amerikaner am 20.4.1945 Leipzig befreiten.

Berlin, 1991

Als Siedler in den Pyrenäen

So reiste ich also nicht nach Kolumbien, sondern nur runde 1000 Kilometer südlich, innerhalb Frankreichs, in die Pyrénées Orientales. Von Perpignan, nahe der spanischen Grenze, geht es mit der Bahn in das 30 km entfernte Prades und von da mit einem Vehikel, das sich Omnibus nennt, nach Mosset, etwa 800 m hoch gelegen. Nach einem Fußmarsch von 40 Minuten, immer ansteigend, erreichte ich endlich das « Mas de la Coûme », meine zukünftige Wirkungsstätte. Ich wunderte mich, dass ich sowohl im Dorf als auch unterwegs auf meine Frage nach diesem Hause kaum Antwort erhielt. Man spricht hier nicht französisch, sondern katalanisch. Ich bin im Roussillon, oder wie man hier sagt, dem Languedoc, da, wo die Kreuzzüge ihren Ausgang nahmen und die Wiege der Troubadoure stand. Pit und Yvès Krüger, die ersten und sozusagen Pioniere dieses etwas romantischen Landerschließungsprojektes, begrüßen mich mit verständlicher Zurückhaltung, wissen sie doch nicht, wer ihnen da ins Nest schneit. In einer kleinen Kammer im Dachgeschoss des nach meiner Meinung schon sehr baufälligen Hauses werde ich untergebracht. Immerhin, einen eigenen kleinen Raum mit einem Dach über dem Kopf zu besitzen, ist schon ein bedeutender Fortschritt.

Bei einem ersten Rundgang durch das Haus und die sich anschließenden Stallungen wird mir die wirtschaftliche Grundlage und zugleich Fragwürdigkeit dieses so eigenartigen Experiments der Quäker klar. Zwei Kühe nur, « Kastanie » und « Merle », stehen im Stall. Sie sind zugleich Milcherzeuger und Zugtiere für die Feldbestellung. Das Geld für zwei weitere Kühe, so erklärte mir Pit, ist vorhanden. Mit hiesigen Farmern wurde bereits darüber verhandelt. Auch ein Maultier für die notwendigen Transporte in die Berge soll gekauft werden. Die Feldbestellung dieses 75 ha umfassenden Grund und Bodens erstreckt sich zur Zeit auf nur etwa 2 Morgen nahe des Hauses. Vor dem Haus ein Garten, der, wie es scheint, zumindest im Sommer wegen seiner windgeschützten Lage sehr fruchtbar ist. Noch immer ist die Höhe des monatlichen Zuschusses doppelt so hoch wie der eigene Ertrag, so erfahre ich am nächsten Tag von Yvès. Die Entdeckerin und jetzige Beschützerin der Farm ist die gleiche Miss Pye aus London, die ich in Paris kennenlernte. Sie kaufte den seit Ende des vorigen Jahrhunderts nicht mehr bewohnten Hof von einem alten, noch hier in Mosset wohnenden Bauern namens Fabre. Mit ihm und Pit mache ich nach dem Frühstück des 1. Tages eine Art Grundstücksbegehung. Unmittelbar ansteigend geht es hinter dem Haus über felsiges Massiv hoch in die Berge auf sehr schmalen Pfaden und an steilen Schluchten vorüber, immer dem Lauf eines über Felsengeröll herabstürzenden Baches folgend. Der 79-jährige Monsieur Fabre, mit einem langen Ast im rechten Arm und dem Schweißtuch im linken, geht uns voran in einem Schrittmaß, das uns äußerste Kräfte abverlangt und zum Schwitzen und Stöhnen bringt. Die Grenzen des Grundstücks sind nicht abgesteckt. Er kennt sie genau und macht uns auf Markierungen von Bäumen, Sträuchern und Steinen aufmerksam. Das Ganze liegt in einer nach Südwest abfallenden Mulde, und von ganz oben wird sichtbar, dass im Grunde nur die um das Gebäude herumliegenden und schon früher kultivierten Äcker und Wiesen ertragreich sind, während der obere Teil völlig neu gerodet werden müsste, um der Erde etwas abtrotzen zu können.

Ein weiteres, mich zumindest überraschendes Problem stellt die Bewässerung dar. Der vom Col de Jau, einem 1500 Meter hoch liegenden Gebirgsmassiv, herunterkommende Bach führt jetzt im Mai nach einer langen Regenperiode noch ergiebig Wasser. Aber schon in einem Monat, so erklärt uns unser katalanischer Führer, ist er nur noch ein kleines Rinnsal, und dann setzt mit den Besitzern der Nachbargrundstücke der Kampf um das Wasser ein. Er zeigt uns die kleinen, zwischen Erdreich und Gestein mit der Spitzhacke gezogenen Gräben, die dann in der Morgendämmerung für die einen geöffnet, für die anderen geschlossen werden. Es soll in den früheren Jahren hier oben blutige Auseinandersetzungen ums frische Nass gegeben haben. « Glauben Sie mir », sagt er uns, « es gab Zeiten, wo ein Coup de Rouge billiger war als un verre d'Eau. »

Mir wurde klar, was mich hier erwartete. Nur Arbeit, riesige Arbeitsleistungen, ohne sichtbares Resultat in den nächsten Jahren. Im Grunde wird das Experiment stehen oder fallen mit der Einsatzbereitschaft, der Fähigkeit, sich den gegebenen Bedingungen anzupassen, aber auch dem Grad des Zusammengehörigkeitsgefühls der einzelnen

Mitglieder der Gruppe. Wer hat sie ausgewählt ? Wer sind sie ? Pit Krüger war bis 1933 ein engagierter Lehrer in Potsdam, voller Ideale einer neuen, fortschrittlichen Pädagogik. Er lernte Yvès, eine schweizerische Studentin, dort kennen, und als die Nazis an die Macht kamen, setzten sie sich nach Frankreich ab. In Verbindung mit der Friedensbewegung und den englischen Quäkern versuchten sie, ihr nunmehr gemeinsames Leben zu neuen Ufern zu lenken. Schon Anfang 1934 fuhren sie als die ersten Vorposten nach hier und begannen die schwere, entsagungsvolle Arbeit auf der seit einem Menschenalter verlassenen Farm. Ihr Töchterchen Janine, gerade drei Jahre alt, ist ein Wildfang, der mich an ein junges Raubtier erinnert. Antiautoritär erzogen, streift sie Tag für Tag völlig frei mit ihrem Hund Marouf, einer gräulichen Dorfpromenaden-mischung, durch das riesige Gelände und stellt dabei tausend Dummheiten an. Der Dritte im Bunde ist H., ein Hamburger Maurer, einige Jahre Jugendsekretär im Bauarbeiterverband der Stadt und nach der Machtübernahme durch die Nazis erst nach Holland und später nach Paris emigriert. Ohne Zweifel ist er der Fachmann auf vielen praktischen Gebieten, wenn auch, wie wir alle nicht, kein Agronom. Später kamen dann noch die Stutterichs. Er, gelernter Maler und Tapezierer, sie eine perfekte Köchin und Hauswirtschafterin. Beide, wie ich, aus Sachsen. Das also war das kleine Kollektiv, welches nach Auswahl von Miss Pye hier zusammengefügt wurde, um sich eine neue, gemeinsame Existenz zu schaffen. Vom Wollen her war dies auch gegeben, aber da es von vornherein keinen gemeinsamen Plan, keine vorbereitende Aussprache, ja nicht einmal ein gegenseitiges Vorstellen und Kennenlernen gegeben hatte, war eigentlich schon zu Beginn sichtbar, dass das Experiment scheitern musste. Die wohl wichtigste Ursache hierfür war die mangelhafte oder völlig fehlende landwirtschaftliche Ausbildung der einzelnen Mitglieder und darüber hinaus die absolute Ignoranz der regional gegebenen Bedingungen.

Dies zeigte sich bereits bei den ersten gemeinsamen Arbeiten. Ein größeres Feld am unteren Bachufer mit relativ starker Neigung hatten wir für den Kartoffelanbau vorgesehen. Pit hatte die Furchen schon gezogen, und zwar von oben nach unten schräg abfallend. Alle halfen beim Legen der Saatkartoffeln, um noch vor einem sich zusammenziehenden Gewitter damit fertig zu werden. Es war ein schweres, mit Regen und Sturmböen einhergehendes Unwetter, wie wir es im weiteren Verlauf unserer Anwesenheit dort oben noch öfter erleben konnten. Zwei Stunden später, als die Sonne wieder lachte, besahen wir uns die Gegend unseres mühsamen Einsatzes. Mitsamt den Saatkartoffeln war das Erdreich zum großen Teil hinabgespült in den Bach, der sich zu einem weit über die Ufer getretenen, reißenden Flüsschen entwickelt hatte. Was blieb uns übrig, als den ganzen Arbeitsprozess noch einmal zu wiederholen, diesmal jedoch die Furchen längs des Bachverlaufes ziehend.

In der ersten Zeit war meine Aufgabe die Betreuung der Kühe. Jeden Morgen um 5 Uhr wurde gemolken und dann gefüttert. Um 6 Uhr ging ich, beladen mit zwei Blechkanistern voll Milch, je 15 Liter vorn und 15 hinten, also 60 Pfund Gewicht, die 4 km abwärts führende Holperstraße zum Dorf, wo der Molkereiwagen von Prades die Milch der anliegenden Farmen aufnahm. Gegen 8 Uhr zurückgekehrt, wurde gefrühstückt, und dann gab es Stallarbeiten und vor allem Unterstützung Pits bei der Feldbestellung. Nachmittags führte ich die Kühe auf höher gelegene Weideplätze, wo gerade jetzt, Anfang Juni, saftiges Grün spross und die Tiere weiten Auslauf hatten. Für mich waren es wohl die schönsten Stunden meines Aufenthalts in den Bergen der Pyrenäen. Man schaute weit in die Täler und über Bergrücken hinweg bis hinüber zur spanischen Grenze und da, wo Andorra liegt. Der Canigou, mit seinen 2800 Metern einer der höchsten Berge der Pyrenäen, grüßt von weither mit seiner weißen Mütze. Raubvögel kreisen hoch in den Lüften und nicht selten sah man ein Adlerpaar. Reichhaltig und geradezu aromatisch war hier die Vegetation. Man sah an den Bewegungen der Kühe, dass sie Feinschmecker waren und sich überall die besten Kräuter aussuchten. Lästig waren allerdings große Stechfliegen, Wespen und auch wilde Hummeln. Sie legten sich mit den Tieren an und müssen sie oft entsetzlich gequält haben. Meine braune « Kastanie » war eine ruhige und im allgemeinen sehr verträgliche Dame, die im Stall und auch bei der Arbeit vieles Unangenehme über sich ergehen ließ. Nervös aber wurde sie, wenn die scheußlichen Insekten sie quälten. Dann peitschte ihr langer Schwanz nach rechts und links, um das Viehzeug zu verscheuchen. Das aber wusste genau dort anzusetzen, wo ihre Abwehr eben ohne Wirkung blieb. Dann allerdings geschah immer etwas Entsetzliches für mich. Das Tier richtete seinen Schwanz steil nach oben und jagte plötzlich in einem Galopp, der jedem Rennpferd Ehre gemacht hätte, über Täler und Höhen manchmal kilometerweit davon. Erst nach langem Suchen fand ich dann endlich das Tier, im Schatten liegend und ruhig wiederkäuend. Dann aber war die Milchleistung am nächsten Morgen erschreckend niedrig.

Besonders anstrengend für alle war die zweimalige Heuernte im Jahr. Auf Bergwiesen Schritt für Schritt abwärts gehend, um mit der Sense auch die Gräser zwischen Felsbrocken und Steinen zu erreichen, ständig gepiesackt von Bremsen so groß wie Hummeln und das gegen Mittag, bei mehr als 40 Grad Hitze, ist schon ein Job, der wenig Freude bereitet. Das Trocknen des Grases brauchte dann bei schönem Wetter kaum zwei Tage, nach nur einmaligem Wenden. Aber dann kam die Hauptsache. Die Ernte wird eingebracht in die Scheune mit großen Heutüchern auf dem Rücken von Männlein und Weiblein, manchmal nahezu eine Stunde Wegstrecke entfernt. Immerhin hatte ein solches Tuch, schön voll gepackt, seine 40 bis 50 Kilo Gewicht. In den Bergen wimmelte es von Schlangen unterschiedlichster Art, vor allem aber Kreuzottern. Einmal hatte ich ein solch ausgewachsenes Tier inmitten des Heus versehentlich zur Scheune getragen. Beim Ausschütten des Tuchs zischte es mir in der halbdunklen Scheune entgegen und ich sah den zum Angriff bereiten Kopf des Reptils in drohender Stellung vor mir. Pit, der in meiner Nähe war, spießte es mit der Heugabel an der Scheunentür auf. Als wir es später völlig zerstückelt den Hühnern zum Fraß vorwarfen, war in vielen dieser Teile noch immer zuckendes Leben.

Nach den ersten Enttäuschungen unserer landwirtschaftlichen Tätigkeit gab es die unterschiedlichsten Vorstellungen über Fortgang und Zukunft der kleinen Kooperative. Wie immer in solchen Situationen tauchten dabei die utopischsten Ideen auf. So entdeckten wir auf einer Wiese gegenüber dem Haus auf der anderen Bachseite eine Quelle. Schon lange hatten wir festgestellt, dass dieses Grundstück stark versumpft war und die Kühe beim Weiden dort oft tief im Morast standen. Uns war bekannt, dass die Pyrenäen unzählige Heilquellen und bereits einige renommierte Kurbäder besaßen. Sofort kam einer auf die Idee, eine Anlage zur Gewinnung von Mineralwasser anzulegen. Ein wissenschaftliches Gutachten über die mineralogische Zusammensetzung des Wassers musste hierzu eingeholt werden. Alle hatte eine fieberhafte Atmosphäre von Spannung, Arbeit und Erwartung erfasst. Wir sahen uns schon als Großproduzenten von Heilwasser mit Flaschenwaschanlage, Exportabteilung und chemischem Laboratorium. Schließlich konstruierte H. eine Quellerfassungsanlage, die zumindest den Vorteil besaß, dass die Wiese allmählich austrocknete und wir mit der Bepflanzung von Obstbäumen begannen. Dies war ein langer Arbeitsprozess, der auch im buchstäblichen Sinne des Wortes Früchte trug, wenn auch auf lange Sicht. Im Laufe von 2 Jahren setzten wir etwa 500 Obstbäume, Äpfel, Birnen und Pfirsiche vor allem. Wir hatten nämlich beobachtet, wie auf den tiefer gelegenen Böden, vor allem in Prades und an der Côte Vermeille, die Pfirsiche bereits ab Ende Juni reiften und das Marktangebot Ende August/September fast um das Doppelte teurer war. Es war erstaunlich, wie dieser Höhenunterschied in der zum Mittelmeer abfallenden Landschaft sich so bemerkbar machte. Bereits Ende April wurden bei schönem Wetter in Cerbère und Collioure die ersten Kirschen geerntet. Unsere Überlegung war nun, mit Spätobst, Pfirsichen vor allem, erst im Monat September auf den Markt zu kommen und damit größeren Nutzen zu erzielen als mit den anderen landwirtschaftlichen Produkten. So war das Mineralwasser schnell vergessen, zumal die Expertisen aus Prades, Perpignan und selbst Toulouse keinerlei Anzeichen von der Heilkraft des Quellwassers enthielten.

Freidenker singen in der Dorfkirche

Mit dem Dorf Mosset hatten wir allmählich Kontakte hergestellt. Viele der katalanischen Bauern hielten uns zwar für verschrobene Ausländer, die nichts, aber auch gar nichts von ihrer Muttererde verstehen, mit denen man sich aber trotzdem gut stellen muss, weil ihnen der Ruf vorausging, dass sie auf der Bank in Prades ein aus England gespeistes, dickes Konto besaßen. Spontane Beziehung stellten wir mit einigen Familien her. So besonders mit dem Lehrer und der Lehrerin, seiner späteren Frau. Sie kamen aus Perpignan und fühlten sich in diesem abgelegenen Bergdorf nicht sonderlich wohl. Es waren links eingestellte, fortschrittliche Pädagogen, und zum Teil widersetzten sich die konservativ eingestellten Bergbauern der freiheitlichen Erziehung ihrer Kinder. Trotzdem gestaltete sich die Hochzeit der beiden im Oktober 1935 zu einer Art Volksfest, an dem das ganze Dorf beteiligt war.

Die Galionsfigur der kleinen Gemeinde von noch nicht einmal 500 Seelen war der katholische Priester. Wie wir über den Dorftratsch erfuhren, war der schon etwas betagte Curé strafversetzt ins Dorf gekommen. Als ein bedeutungsvoller Würdenträger der katholischen Kirche soll er in einer größeren Stadt Südfrankreichs der Sünde der fleischlichen Versuchung nicht wacker genug widerstanden haben. Zweifellos war er ein gebildeter, mehrere Sprachen sprechender Mann, der an der Konversation mit uns, den Gottlosen, Fremden, und noch dazu Deutschen, offensichtlich seine Freude hatte. Bei jedem unserer Dorfgänge war es zur Gewohnheit geworden, ihn aufzusuchen. Seine Kanzlei erschien mir immer wie die Alchimistenhöhle von Dr. Faustus. In einem Regal oberhalb seines Arbeitstisches stand eine Sammlung erlesener französischer Liköre, was darauf schließen ließ, dass er kein Kind von Trübsal war. Seine Wirtschafterin hieß Louise. Sie war klein und bucklig. Wahrscheinlich war sie ihm mitgegeben worden von seinen Vorgesetzten, um Rückfällen in seine Jugendsünden vorzubeugen. Er war von einer geradezu chevaleresken Gastfreundschaft, wie man sie besonders in Spanien antrifft. Auf sein Händeklatschen erschien Louise, stieg, wie vorher abgesprochen, auf eine Leiter bis hoch hinauf zur Flaschensammlung und fragte dann von oben: « Qu'est-ce qu'il faut que je descende, M. le Curé ? » Nachdem jeder von uns seinen Herzenswunsch geäußert hatte - wobei ich immer den Klosterlikör Bénédictine bevorzugte - kam Louise mit mehreren Likörflaschen unter dem Arm nach unten und servierte uns. Dann ging's ans Erzählen, und noch heute stehen mir Bilder vor meinen Augen von der einprägsamen, farbigen und lebendigen Erzählweise dieses Seigneurs der Kirche.

Eines Tages, es war kurz vor Weihnachten, waren Pit, Yvès und ich wieder bei ihm eingekehrt, als er uns plötzlich mit feierlicher Miene fragte, ob er eine Bitte vortragen dürfe. Es gehe, so begann er umschweifend, um die Weihnachtsmesse in seiner Kirche. Zunächst mussten wir uns eine lange Erklärung über Geschichte und Bedeutung der katholischen Messen anhören, gespickt mit lustigen Anekdoten aus seiner eigenen Erfahrung. Dann plötzlich sprach er von den gemütvollen und die Menschen so ergreifenden deutschen Weihnachtsliedern. Endlich rückte er mit seinem Anliegen heraus. Ob wir bereit wären, nach der Orgelmusik, unmittelbar vor Beginn der Messe, zwei deutsche Weihnachtslieder zu singen. Er wisse, dass wir keine gläubigen Kirchgänger und vielleicht sogar keine Christen seien, aber er glaube sich nicht zu täuschen, in uns gütige und hilfsbereite Menschen zu sehen, die, dem heiligen Orte angemessen, keinerlei politische Demonstrationen veranstalten oder sogar "frivole Lieder" wie z.B. die Internationale singen würden. Wir baten um Bedenkzeit und berieten uns daheim mit den anderen Freunden, ob wir an Gesicht verlieren, wenn wir den katalanischen Bauern deutsche Weihnachtslieder singen würden. Also sagten wir zu und entschieden uns für "Stille Nacht" und "Es ist ein Ros entsprungen". Um uns nicht zu blamieren, übten wir dann fleißig beim Frühstück oder Abendbrot. Am Weihnachtstage selbst waren wir dann etwas enttäuscht, dass die kleine Dorfkirche eigentlich nur von Frauen und Kindern besetzt war. Die Männer standen, Zigaretten rauchend, auf dem Platz vor der Kirche und stritten über Kühe, Kälber und Preise. Trotzdem war unser Ansehen im Dorf weiter gestiegen. Überall wurden wir freundlich begrüßt und waren von nun ab « Les Allemands chantants ».

Hier schweifen meine Gedanken viele Jahre zurück. Es muss 1925/26 gewesen sein, als wir, angeregt von der antireligiösen Propagandawelle in der Sowjetunion, als kommunistische Jugendgruppe in Leipzig-Lindenau beschlossen, eine solch gegenreligiöse Manifestation gegenüber « verblendeten Kirchgängern » der Nathanael-Gemeinde durchzuführen. Während eines Gottesdienstes stürmten wir mit Fanfarenmusik in die Kirche und stimmten dort die Internationale an, was bei den Protestanten spontan Martin Luthers « Ein feste Burg ist unser Gott » auslöste. Bevor die alarmierte Polizei kam, zogen wir uns zurück und glaubten, mit dieser Aktion etwas zum Sieg der Weltrevolution getan zu haben. « O sancta simplicitas ».

Katalanischer Kuhhandel

Mitten im Herbst 1935 sollten wir uns die bestellten zwei weiteren Kühe hoch oben in den Bergen, wo sie den ganzen Sommer über in freier Weidefläche waren, abholen. Es war ein noch sehr heißer Tag und der Weg nach oben war langwierig und anstrengend. Das kleine holzüberdachte Lehmhäuschen der Farmerfamilie war nur im Sommer bewohnt. Unten die Tiere, oben die Menschen. Die Familie war gerade beim Mittagessen, als wir eintrafen. Nach dem obligatorischen Glas Rotwein zur Begrüßung reichte man uns Blechschüsseln mit Bohnensuppe. Der Fußboden bestand aus nebeneinander gelegten großen Brettern mit Zwischenräumen. Bei jeder Bewegung schwankten sie beträchtlich und unter sich sah man die friedlich kauenden zwei Kühe für uns. Der kleinen Tochter fiel der Löffel aus der Hand, glitt zwischen den Brettern hindurch und fiel in den Kuhmist des Stalles. Schweigend stand die Kleine auf, kletterte nach unten, holte sich ihren Löffel, der voller Kot war. Sie wischte ihn kurz an ihrer Schürze ab und aß - wie es schien - mit großem Appetit weiter an ihrer Suppe. Uns würgte es ein wenig ob dieser mangelnden Hygiene hier oben in den Bergen. Dennoch wird es der Gesundheit des Kindes keinen Schaden zugefügt haben. Nach dem Essen gingen wir zu dem Geschäftlichen über. Die Tiere wurden vorgeführt, « La Brune » die eine und « Arlette » die andere. Beide hatten große und dicke Euter, obwohl sie, wie der Bauer sagte, bereits wieder tragend seien. Er demonstrierte uns, wie der Fachmann an bestimmten Kennzeichen des Tieres die Qualität bzw. die Milchleistung zu erkennen vermag. Was verstanden wir schon davon? Auch so waren wir überzeugt, einen guten Kauf gemacht zu haben. Abschließend noch ein Gläschen Rotwein, und dann trieben wir die Tiere abwärts durch ein Tal und auf der anderen Seite wieder ansteigend zu unserem Anwesen. Wir wunderten uns, dass sie gehfaul waren und von Zeit zu Zeit entsetzlich schrieen. Auch in der folgenden Nacht gaben sie keine Ruhe. Am anderen Morgen war ihre Milchleistung geradezu enorm. Zu zweit mussten wir ins Dorf abliefern gehen. Aber dann kam die Enttäuschung. Tag für Tag nur wenige Liter. Unser Nachbar Fabre löste uns das Rätsel. Mehrere Tage hatte man die Tiere nicht gemolken, um mit den prallen Eutern gute Milchkühe vorzutäuschen. Nur mit Fremden, so erklärte er uns, nicht mit Leuten von hier könne man solches tun. Als « Arlette » später dann auch noch abortierte und damit fast ein Jahr trocken stand, erkannten wir, wie schön man uns reingelegt hatte.

Jetzt galt es, den Stall zu erweitern. Dazu benutzten wir den sich anschließenden alten Schafstall, der seit Generationen nicht mehr genutzt wurde und eine fast ein Meter hohe Schicht von Trockenmist enthielt, der mit der

Spitzhacke losgeschlagen werden musste. Damit begann die Zeit der Flöhe auf La Coûme.

Und dann ging es an das Düngen der Felder, und nur wer diese Arbeit schon einmal auf abschüssigem, bergigen Gelände vollführt hat, kann ermessen, welcher Anstrengung und Ausdauer es bedarf, um dabei durchzuhalten. Es war wirklich kein Vergnügen, den zweirädrigen, mittelalterlichen Karren mit mehr als einer Tonne von dieser « schwarzen Butter », wie die französischen Bauern den Mist nennen, zu beladen und dann einen Steilhang mit etwa 25 % Neigung herunter zu fahren, abzuladen und auf dem Felde gleichmäßig zu verteilen. Aber dies war eben auch die erste, ursächliche Bauernpflicht, da man Kunstdünger noch nicht kannte. Sagt doch ein altes französisches Sprichwort : « Wenn du deine Tochter gut verheiraten willst, musst du viel Mist fahren ».

Bis weit in den Oktober hinein hatte die Sonne hier oben von ihrer allumfassenden Kraft Licht und Wärme gespendet. Aber dann setzten die Stürme, Regen und ab und zu schon einmal Schnee ein. Die Tramontane heulte von den Bergen herab, und das oft über Tage und Nächte hinweg. Hagelstürme gingen über Wiesen und Felder. Gequält vom Sturm neigten sich die Zweige und Wipfel der Bäume tief hinab, als wollten sie die Erde berühren. Schon tanzten die Blätter ihren Todesreigen, und von den fast kahlen Ästen erklang die schaurige Melodie vom Sterben und Wiederleben. Nachts aber hörst du, wie selbst die leblosen Gegenstände, vom Sturm vibrieren, mit einstimmen in das gewaltige Konzert der Natur. In den verrosteten Angeln brummen die Türen wie Trompeten, die Fensterscheiben klirren wie lustige Pfeifen, die morschen

Dachbalken aber sind die schwermütigen Bässe. Zwischen Intervallen hört man ab und zu die Solostimme der ersten Geige, wenn der Wind in der Ferne über kahle Hügel streift. Fest hülle ich mich in meine Decken und lasse diese große Naturmusik mir zu Gemüte gehen, bis dass der Schlaf mich entführt in die Welt der Träume. Aber dann plötzlich, am nächsten Tage, scheint die Sonne wieder mit unverminderter Kraft und wir erreichen Mittagstemperaturen von mehr als 25 Grad. Ich hätte niemals geglaubt, dass der Herbst hier im Süden über so viel Farbenpracht verfügt. Die bewaldeten Hänge uns gegenüber zeigen bis hoch hinauf ein Kolorit, wie man es nicht besser auf Kitschpostkarten findet. Ein leuchtendes Weinrot der Wildkirschen und dazwischen das zarte Gelb der Nussbäume, gemischt mit der ganzen Farbpalette der welkenden Kastanien.

Die Idee mit den Weinbergschnecken

Zwischen Weihnachten und Neujahr begleitete ich Pit und Yvès zu einem Besuch nach Prades. Dort lebte eine Schwester des bekannten Schriftstellers und Pazifisten Alfons Paquet, der ein Freund von Romain Rolland war. Sie erzählte uns viele Einzelheiten und nette kleine Anekdoten von diesem großen französischen Schriftsteller als auch anderen Persönlichkeiten des französischen Kulturlebens. Einige hatten sich hier in Prades zur Ruhe gesetzt und pflegten noch immer künstlerische Kontakte zur Außenwelt. Unter ihnen auch der berühmte spanische Cellist Pablo Casals[18]. Auch Picasso soll vorübergehend

[18]Pablo Casals wählte Prades 1939 zu seinem Exilwohnsitz.

hier gewesen sein. Zu einem späteren Hauskonzert von Casals versprach sie uns einzuladen. Ich war begeistert von der kleinen Kreisstadt, sie ist eine Perle, sowohl in ihrer landschaftlichen Lage, am Fuße des hohen Massivs des Canigou, als auch architektonisch in ihrer Vielgestaltigkeit von kleinen Villen und Gärten.

Im Laufe der Zeit hatten wir viele Bekanntschaften mit der Kleinstadt geschlossen und bekamen nun öfters, vor allem an Wochenenden, Besuch von dort. Ganz besonders galt das für die leidenschaftlichen Jäger unter den Stadtbewohnern. Jagen ist in Frankreich in jedem Fall mit Essen und Trinken verbunden. Ein « Casse-croûte de chasse », nach besonderen Wünschen zusammengestellt, und ein guter Tropfen gehören dazu. Die Jagdgesetze werden hier sehr großzügig gehandhabt, und der Wildbestand ist dadurch gering. So geschah es oft, dass die Sonntagsjäger, nachdem sie in den Bergen wild herumgeballert hatten, völlig erschöpft auf unserer Terrasse halt machten, um sich dem angenehmeren Teil der Jagd, dem Essen, zuzuwenden. Und damit entdeckten wir wiederum eine Chance, unsere Einkünfte ohne große Arbeitsleistungen erhöhen zu können. Wir sammelten, wo immer es auch möglich war, Weinbergschnecken, die wir wochenlang in besonders angelegten Behältern sich ohne Nahrung selbst reinigen ließen. Am Tage der Jagd wurden diese Tierchen dann vor den Augen der Jäger gegrillt und selbst den Wein, ein weißer Bordeaux vor allem, hielten wir vorrätig und erleichterten so den mühsamen Aufstieg in die Berge mit unnötigem Gepäck. Später kamen wir noch auf die Idee, eine eigene Karnickelzucht anzulegen. Die halbwüchsigen Tiere wurden dann ins Freie gesetzt und von den zechenden Jägern aus kurzen Entfernungen abgeknallt. So zumindest konnten sie ihren daheim wartenden Frauen Jagdglück vortäuschen. Wir aber profitierten von diesen Kleinbürgereskapaden, ohne jedoch die Farm damit endlich auf eigene gesunde Füße stellen zu können.

Ohne Mittel am Mittelmeer

Im Frühjahr 1936 ließ ich meinen Vater nach Mosset kommen. Erstaunlicherweise hatte er keine Schwierigkeiten, die Ausreise nach Frankreich zu erhalten. Obwohl bereits Mitte 50, hatte er die lange Reise im Zug mit mehrfachem Umsteigen und langen Zwischenaufenthalten gut überstanden. Für ihn war es die erste Auslandsreise mit vielen neuen Eindrücken und Vergleichsmöglichkeiten. Besonders der sich überall zu dieser Zeit schon bemerkbar machende Frühling des Südens im Gegensatz zum kalten Winter des Nordens beeindruckte ihn stark. Wir fuhren mehrere Tage nach Perpignan und dann die Côte Vermeille entlang bis zur spanischen Grenze. Einige wenige Spargroschen hatte ich mir angelegt, um die anfallenden Kosten bestreiten zu können. Ein Buch mit sieben Siegeln waren ihm, dem Sohn einfacher Dörfler, natürlich die französischen Essgewohnheiten. Auch in einem durchaus nicht anspruchsvollen Restaurant beginnt man hier die Mahlzeit mit einem so genannten Hors d'œuvre (Vorspeise). Diese jedoch wird nun auf die unterschiedlichsten Arten serviert. In Perpignan wurden um uns herum 10 bis 15 Schüsseln mit verschiedenen Appetitanregern (Oliven, Ölsardinen, Salate, Anchovis, Pastete und dergleichen) aufgebaut. Mein Vater glaubte, dass es sich hierbei um eine Art kalte Platte handele und verputzte mit großem Appetit unter ständiger zu Hilfenahme des fantastischen frischen Weißbrots große Mengen dieser Vorspeisen. Obwohl ich ihn immer wieder darauf hinwies, dass dies erst der Anfang sei und eine Reihe weiterer Platten, insbesondere Fleisch und Gemüse, noch folgen würden, ließ er sich nicht davon abhalten. « Junge, wir müssen doch alles bezahlen und dürfen nichts zurückgehen lassen. » Und was ich ahnte, kam dann auch; Fisch, Fleisch, Gemüse und selbst ein Dessert konnte er nicht mehr schaffen.

Von Perpignan fuhren wir weiter über Elne mit seinem mittelalterlichen Kloster, danach Argelès-sur-mer bis nach Collioure an der Sardinenbucht. Jahr für Jahr schwemmt hier das Mittelmeer Milliarden und Abermilliarden kleine silbrige Fischlein an. Die Fischer ziehen ihre Netze nicht unweit des Strandes und bringen reiche Beute für die Konservierungsindustrie. An diesem Tag war das Meer ruhig, und wir marschierten über lange Strecken am Strande entlang nur über tote und verwesende Sardinen, die von Myriaden gieriger Fliegen heimgesucht wurden. Ein penetranter Verwesungsgeruch stieg uns in die Nase. Mitten im Wasser sahen wir eine kleine Kirche, offensichtlich ein Wallfahrtsort für Seeleute und Fischer, und von den Bergen grüßt ein altes Fort aus dem XII. Jahrhundert, angelegt zum Schutze gegen die Einfälle der Mauren. Über Port-Vendres, den letzten Hafen Frankreichs vor der spanischen Grenze, den Ludwig XIV. den Spaniern entriss, um ihn zum Kriegshafen auszubauen, gelangen wir nach Banyuls, dem wohl malerischsten Dörfchen an der Küste der Ostpyrenäen. Seine terrassenförmig angelegten

Weinberge scheinen ins Meer zu gleiten. Der hellrote Rebensaft, der hier gedeiht, wird zu einem renommierten Dessertwein, ja selbst zu Likör verarbeitet. Wir beschließen, hier zu baden und ein Picknick einzulegen. Zu Muttern schicken wir eine Ulk-Karte mit dem Verschen:

Wir sitzen hier am Mittelmeer
Und haben keine Mittel mehr.
Schick uns sofort Mittel her,
Sonst stürzen wir ins Mittelmeer.

Nur noch wenige Kilometer trennen uns von Cerbère, der Grenzstation zu Spanien. Um diese Zeit war vom Grollen des spanischen Bürgerkrieges noch nicht zu hören. Aber die Generäle hatten ihre Pläne bereits fertig, und noch vor Ende des Jahres begann der Aufstand gegen die legale spanische Regierung. Er wurde der Prolog zum Zweiten Weltkrieg.

Das Abschiednehmen war schmerzlich. Keiner wusste, wann, wo und ob wir uns wieder sehen werden. Zwar schätzte Vater die Kriegsgefahr weniger realistisch ein als ich. Er zeigte mir an Beispielen von Nachbarn und Kollegen, welche große Illusionen hinsichtlich Hitlers Friedensehrlichkeit, aber auch der Bereitschaft westlicher Politiker, ihm zu widerstehen, innerhalb der Bevölkerung des Dritten Reiches vorhanden waren. So waren die Gespräche mit ihm für mich eine Fundgrube an tatsächlichen Ausgangspunkten für eine realistische Einschätzung der Lage in Hitler-Deutschland. Wir gingen eine Vielzahl von Freunden, Bekannten und ehemaligen Genossen durch, und es war entwaffnend zu erfahren, dass sie alle, entweder durch Terror, Gewalt und Isolierung oder aber eigene persönliche Entscheidungen, zum Schweigen und damit zur Passivität gebracht wurden. Von einem spürbaren Widerstand kann heute nicht mehr gesprochen werden. Auch die, welche die Nazis ideologisch nicht vereinnahmen konnten, gingen zumeist in die innere Emigration, d.h. sie brachen alle früheren Brücken ab, um absolut sicher zu sein. Eins aber wurde mir bei diesem Gespräch noch einmal besonders klar: das schon damals sichtbare feige Verhalten der Mehrzahl bürgerlicher und auch sozialdemokratischer Politiker in den westlichen Ländern trieb die Deutschen geradezu mit innerer Logik in die Arme Hitlers. So schlussfolgerte ich bereits Anfang 1936, dass sich die deutsche Tragödie wiederholen wird als eine europäische oder sogar Weltkrise. Und leider war das ja dann auch so.

Das Kollektiv zerfällt

Indessen hatte sich auf der Coûme vieles geändert. Seit geraumer Zeit schon befand sich die kleine Gemeinschaft in einer Krise der inneren Auflösung. Es begann mit einer Störung der zwischenmenschlichen Beziehungen. Hässliche, persönliche Auseinandersetzungen aus den verschiedensten Anlässen heraus erschwerten die Zusammenarbeit. Gearbeitet wurde nur das Allernotwendigste. Ein jeder mied den anderen. Das Vertrauensverhältnis, die wichtigste Voraussetzung jedes wirksamen Kollektivs, war gestört. Angefangen hatte es mit heftigem persönlichen Streit zwischen Pit und H. über Kompetenzfragen und Arbeitsplanung. Ganz plötzlich wurde ein jeder mit hineingezogen, ohne dass sichtbare Gründe vorhanden waren. Wegen der geringsten Anlässe kam es zu Anpöbelei und offenem Krach. Langsam, aber sicher zerbrach das kleine Kollektiv, und ein jeder spürte, dass wir einem Punkt der völligen Lähmung zusteuerten. Ganz entschieden aber waren unsere Mäzene, die Quäker, mit dieser Entwicklung nicht einverstanden. Urplötzlich kam eines schönen Tages Miss Pye, die Entdeckerin und Beschützerin der Neulandkommune, auf die Farm. Es gab stundenlange Einzel- und Gesamtgespräche, Befragungen und auch « Verhöre » der unmittelbar Betroffenen. Auch hier, wie schon in Paris, beeindruckte mich diese Mischung aus puritanischer Strenge und gütiger Anteilnahme, besonders aber Toleranz gegenüber anderen Auffassungen bei diesen Quäkerbrüdern und -schwestern. Beim gemeinsamen Mittag- oder Abendtisch saß sie mit uns an der Tafel, aber sie begann erst nach einer gewissen Zeit mit dem Essen. Wir hatten den Eindruck, dass sie uns alle mustere, und waren dadurch etwas gehemmt. Sie aber erklärte uns, dass dies eine Art von Sammlung und Gebet darstelle, welche sie für ihre persönliche Lebensführung benötige. Für mich, der ich auf der Walze in Süddeutschland erlebt hatte, wie wir in Kirchen und Klöstern erst beten mussten, bevor wir einen Teller Brotsuppe erhielten, war dies eine besonders wohltuende Empfindung. Ähnlich gute Erfahrungen machten wir auch mit anderen Mitgliedern der Quäkergemeinschaft, die gelegentlich bei Frankreichreisen die Coûme aufsuchten. So wurde uns z. B. eines Tages die Ankunft einer Miss Cadbury telegrafisch mitgeteilt. Es handelte sich um die Tochter des bekannten englischen Schokoladenfabrikanten Cadbury, der ein namhafter Quäkerbruder war. Wir glaubten, ihr gegenüber zu etwas Komfort verpflichtet zu sein, und bereiteten mit Sorgfalt ein

Zimmer vor. Wie erstaunt waren wir, ein junges, sportliches Mädchen anzutreffen, das sich sofort ihr mitgebrachtes Zelt an einer windgeschützten Stelle außerhalb des Hauses aufbaute, sich morgens im Bad wusch und fast den ganzen Tag auf Wanderung war. Sie berichtete uns vom Collegeleben in Oxford und ich verstand sehr gut, dass ein wesentliches Merkmal der Stärke der herrschenden Klasse Englands auch die spartanische Erziehung ihres Nachwuchses ist.

Das Ergebnis der Überprüfung durch Miss Pye war vorauszusehen. H. musste die Farm sofort verlassen. Er reiste nach Paris zurück; und wie wir später erfuhren, ging er nach Übersee. Pit fuhr mit Miss Pye zur Leitung der Quäkerflüchtlingshilfe irgendwo in Südfrankreich, um noch einmal alle Aspekte und ökonomischen Voraussetzungen zum Gelingen des Experiments abzusprechen. Was er bei seiner Rückkehr mitbrachte, war eine Art Zwischenlösung, eine weitere Bankstützung und für sich selbst größere Vollmachten. Bald verließen auch die Stutterichs die Coûme, weil sie in England glaubten, eine bessere Position gefunden zu haben. Auch ich hielt die Zeit für gekommen, meine Lehrzeit in der Landwirtschaft zu beenden. Immerhin blieb ich noch einige Monate auf der Coûme, zumal zur Winterszeit nur die täglich unbedingt notwendigen Arbeiten verrichtet werden mussten.

Nach dem Weggang von H. versuchte Pit auf die anderen Mitarbeiter positiv einzuwirken, ihnen Mut zu machen und sie ein wenig aufzuheitern. So organisierte er im Spätherbst 1936 eine Bergtour in die Hochpyrenäen bis hinauf zum Gipfel des Canigou (2800 m). Es war ein Erlebnis besonderer Art und brachte mir dieses wunderschöne Katalonien noch einmal sehr nahe, machte aber auch den späteren Abschied von hier umso schmerzlicher. Wir fuhren am Morgen mit dem Milchauto nach Prades. Angestrahlt von der Morgensonne, leuchtete der weiße Gipfel uns entgegen. Zweifellos ist der Canigou einer der beeindruckendsten Berge Europas. Lange Zeit hielt man ihn für den höchsten Berg der Pyrenäen. Jedoch gibt es in den Mittel- und Westpyrenäen drei Berge, die ihn um einige hundert Meter übertreffen. Seine Spitze ist gleichermaßen sichtbar von Barcelona und Montpellier, und - so hörte ich erzählen - bei klarem Wetter selbst von Marseille aus. Er erscheint dann aus den Fluten des Mittelmeeres aufsteigend.

Unser Aufstieg beginnt bei der Abtei St. Michel de Cuxa über riesige Weideflächen mit großen Schafherden und einsamen Hirten, die Wollsachen strickend ihre Hunde mit Zurufen dirigieren, durch nahezu unberührte Mischwälder, über Geröllfelder bis hoch zur Schneegrenze bei vielleicht 2000 m. Schon nach knapp 6 Stunden haben wir den Gipfel erreicht und schauen weit hinüber in die einsame Welt der spanischen Berge. Abwärts geht es dann zur Abtei St. Martin, in deren Nähe wir in einer Art Jugendherberge billig übernachten können. Die Abtei liegt angeschmiegt an einem Hügel zu Füßen des Bergriesen in vielleicht 1000 m Höhe und wurde bereits im Jahre 1045 mit einem kleinen Kloster zu Ehren des heiligen Benoît auf Weisung des Papstes Sergius IV. erbaut. Um 1400 herum zerstörten räuberische Banden Abtei und Kloster und den nahe liegenden kleinen Ort Casteil. Weit später erst wurden durch Unterstützung des Bischofs von Perpignan Dorf und Kloster wieder neu errichtet, und seitdem erfreuen sich von hier aus viele Wanderer der schönen Bergwelt der Pyrenäen. Eine der schönsten Kleinstädte der Region, die wir beim weiteren Abstieg berühren, ist Vernet-les-Bains, ein Thermalbad mit schwefelhaltigen Quellen in 650 m Höhe. Die Stadt besitzt eine der schönsten Parkanlagen der Gegend mit Zedern, Zypressen, vielen Palmen und weit verbreiteten Mimosabüschen, die allerdings jetzt im Herbst längst verblüht waren. Trotz der Höhe ist das Klima hier besonders mild, weil der Ort windgeschützt ist und unter starker Sonneneinwirkung steht.

Trotz der heilsamen Wirkung dieser uns alle beeindruckenden Bergtour lag auch in den kommenden Wochen viel Trennendes in der Luft, und es kam trotz aller Bemühungen zu keinem neuen Beginn. Das gut gemeinte Experiment einer landwirtschaftlichen Kooperative war gescheitert, wenngleich Pit und Yvès auch nicht aufgaben und noch viele Jahre mit Ackerbau und Viehzucht ihre Existenz bestritten.

Die spätere Entwicklung der Coûme, über den Zweiten Weltkrieg hinaus, erfuhr ich erst etwa 20 Jahre danach aus Berichten, literarischen Zeugnissen und aus einer langen Korrespondenz mit Pit und Yvès Krüger. Besonders berührte mich die Tatsache, dass dieser bis dahin furchtbarste aller Kriege seine Schatten auch über das kleine Gebirgsdorf Mosset geworfen hatte. Nach der Besetzung Südfrankreichs durch die deutsche Wehrmacht im Jahre 1942 regten sich hier an der spanischen Grenze die bis dahin nahezu unbekannten französischen Hitler-Anbeter, die Feuerkreuzler und Darlan-Zöglinge, und übten ihre sadistischen Terror- und Einschüchterungsversuche auch auf die Landbevölkerung aus. Sie fanden bei dem inzwischen neuen katholischen Priester des Ortes mit Franco-Sympathien offene Unterstützung. Schon seit langem sah er wegen der aktiven Hilfe für spanische Flüchtlingskinder in der Coûme ein « Asyl des Teufels ».

Eines Tages wurde Pit Krüger von faschistischer Miliz entführt, ins Gefängnis geworfen und an die Deutschen ausgeliefert. Damit begann für ihn ein langer Leidensweg über Frankreich, Deutschland, Berlin und von da direkt in die sowjetische Gefangenschaft. Erst lange nach dem Kriege im Jahre 1949 kehrte er nach Mosset zurück. Yvès hatte unter großen persönlichen Anstrengungen das kleine Anwesen und ihre Kinder über diese schmerzvolle Zeit gebracht. Jetzt endlich konnte an die Verwirklichung der lang genährten Idee einer neuen, freien Erziehung, einer Landschule oder eines pädagogischen Internats herangegangen werden. In weiteren harten drei Jahren entstand so das "Centre éducatif de la Coûme", dessen schwierige Entwicklung wert wäre, als Beitrag zur Geschichte der modernen Pädagogik ausführlich dargestellt zu werden.

Diese Freiluftschule in den Bergen der Pyrenäen versteht sich als eine Schule der Ausgeglichenheit zwischen intellektueller, physisch-manueller und musischer Erziehung. In fröhlich-spontanem, aber auch lernbereiten Zusammenleben üben sich die jeweils 50 jungen Menschen aus mehreren Ländern.

POSTFACE

Les méandres de la vie[19]

Barbara Thalheim

Ils en ont entendu, les enfants de RDA, des récits d'antifascistes méritants ! Cela faisait en effet partie de leur éducation morale. Ce type de figure héroïque, Barbara Thalheim en avait un représentant chez elle, à domicile, même si la biographie mouvementée de son père lui demeura longtemps étrangère. Ce n'est que plus tard qu'elle commença à vouloir en retrouver les traces[20].

« Les héros sont des hommes qui, au nom d'une idée et au risque de leur vie, accomplissent de grands actes pour les autres ». C'est ainsi, ou à peu près dans ces termes, que Madame Effler, la maîtresse, s'adressa à sa classe de CM2 de l'école primaire Karlshorst de Berlin en 1957.

Ces paroles annonçaient la visite d'un héros : mon père. Il devait parler du passé, terrible, de son émigration en France et de son internement à Dachau. « L'émigration,

---

[19] Ce texte a été publié en mars 2011 dans le mensuel « Das Magazin » (note de la rédaction).

[20] Note d'introduction à l'article.

c'est quand on doit quitter sa patrie parce qu'on ne peut plus y vivre, et parce qu'on est persécuté à cause de ses idées politiques », expliqua la maîtresse en ajoutant : « Vous pouvez poser toutes les questions que vous voulez ». Mon père, âgé alors de 49 ans, s'efforça de prendre place sur une petite chaise au milieu des bancs de la salle de classe et commença à raconter sa vie à quelques 28 enfants de dix ans, en faisant de grands gestes, comme à son habitude.

Lorsqu'il mourut, dans les années quatre-vingt-dix, je n'en savais pas beaucoup plus sur sa vie entre 1933 et 1945 que ce que j'appris cet après-midi-là qui, pour les « Pionniers » [21] de dix ans que nous étions, était consacré aux héros. Mon père et moi : des lignes parallèles dont nous étions sûrs qu'elles finiraient par se rencontrer.

Cette rencontre du côté de l'infini a, semble-t-il, commencé il y a quelques années. Comment expliquer en effet que je sois régulièrement invitée à donner des concerts dans des pays, des lieux, où mon père a vécu durant son exil de douze ans ? Hasard, destin ? Qui peut décider quand et pourquoi l'histoire redevient vivante ?

« Dans la mesure où quelque "maîtrise" du passé est possible, elle consiste dans la relation de ce qui est arrivé. Mais une telle relation, qui fait l'histoire, ne résout aucun problème et ne résout aucune souffrance ; elle ne maîtrise rien de façon définitive. Plutôt, tant que le sens de ce qui advient demeure vivant - et ce sens peut persister pendant

---

[21] Pionniers : L'Organisation des pionniers Ernst Thälmann (*Pionierorganisation Ernst Thälmann*) était le mouvement de jeunesse officiel des 6-14 ans en RDA. Fondée en 1948, elle a été dissoute en août 1990.

de très longs laps de temps – il incite à une narration toujours répétitive » dit Hannah Arendt[22].

**

Par une chaude journée de juin, je déjeunais à la cantine avec le personnel de la Radio suisse alémanique et romande à Berne. Nous avions bien avancé dans la réalisation d'une émission et nous n'aurions vraisemblablement plus besoin du créneau retenu le lendemain pour enregistrer. « Qu'est-ce qu'on fait ? », demanda le rédacteur en chef, « Est-ce que je peux t'enlever demain dans nos montagnes suisses, ou bien tu veux rentrer chez toi tout de suite ? ». « Rentrer à l'Est », ajouta avec une pointe d'ironie quelqu'un de l'équipe technique présente à la table. Le mot « Est » provoqua aussitôt chez moi le réflexe d'aller chercher mon passeport, lequel provoqua autour de la table incompréhension et hilarité. « Visa de travail autorisant plusieurs sorties du territoire de la RDA », lut l'ingénieur du son à haute voix. « Est-ce vraiment encore bien nécessaire à un moment où l'on peut sortir en passant par la Hongrie sans passeport et sans visa ? », demanda le rédacteur dans son dialecte bernois prononcé. « Sortir, oui, mais pas rentrer » répondis-je, d'un air pincé, comme toujours quand j'étais renvoyée à mon-petit-pays-débile-dont-je-devrais-avoir-honte.

« Tu pourrais rester ici jusque fin décembre », dit l'ingénieur du son, qui tenait mon passeport. « Quooooi ? ».

---

[22] citation traduction de Barbara Cassin & Patrick Levy, dans H. Arendt, *De l'humanité dans de sombres temps - Réflexions sur Lessing*, dans *Vies politiques,* Gallimard, 1974.

C'était vrai. Le visa était valable sept mois. Sans doute les gardiens du Graal du socialisme réellement existant pressentaient-ils ce qui allait se passer. En tout cas, à la table de la cantine de Berne, il y eut plusieurs propositions de voyage, on me proposa des chalets avec vue sur les Alpes, avec un pass pour le ski, comme dans une agence de voyages.

Mais cette femme de l'Est, attablée à la cantine de la Radio de Berne, ne voulait ni escalader les sommets, ni manger des « Röschti » ou de la fondue suisse, ni visiter des villages perchés dans la montagne.

Elle voulait bien faire quelque chose, mais quoi au juste ? Elle voulait profiter de la liberté de voyager qui lui était offerte de façon inespérée pour aller travailler en France comme ouvrière agricole. Les Suisses autour de la table la regardèrent sans comprendre. Elle, l'étrangère, voulait retourner une terre étrangère dans un pays étranger, pour voir ce que cela lui ferait. « C'est à des lubies aussi loufoques qu'on reconnaît l'Allemand de l'Est dégénéré », dit le Suisse rédacteur en chef.

Le lendemain matin, l'Allemande de l'Est, c'est-à-dire moi, partit pour Montcuq, un minuscule village du Quercy, en France, où les parents d'une jeune Française qu'elle connaissait exploitaient une ferme. J'y ai passé quatre semaines à travailler comme une paysanne. J'ai conduit le tracteur, sélectionné des boutures de melons et de tournesols, planté des graines, coupé de la mauvaise herbe et partagé les repas d'une famille de paysans qui m'étaient étrangers, sans comprendre un mot de ce qui se disait, tout en regardant le fermier se curer les ongles avant chaque repas avec la lame d'un couteau de scout, qui lui servait ensuite à couper cinq tranches de pain qu'il distribuait autour de la table.

Pourquoi ai-je fait ce voyage ? A l'époque, le ÇA n'en savait rien. Aujourd'hui, le MOI le sait : je voulais « revivre » ce qu'avait ressenti mon père, afin d'éprouver ce qu'il avait vécu.

**

Lorsque je revins de mon séjour en France, en plein été 1989, mon vieux père, stupéfait, assistait en direct à la télévision au sabordage de son pays. La France, sa première vie, sa seconde patrie, son grand amour qui me rendait si jalouse lorsque j'étais enfant - parce que je devais le partager avec lui - ne l'intéressait plus.

**

Mon père, Werner Thalheim, avait 27 ans lorsque, en février 1933, le Reichstag fut incendié. Il était communiste et le resta, même lorsqu'il fut exclu du KPD *(Kommunistische Partei Deutschlands* : Parti Communiste Allemand) pour avoir refusé la politique de la RGO (*Revolutionnäre Gewerkschafts-opposition* : Opposition Syndicale Révolutionnaire). A cette époque, sur instruction de l'Internationale Communiste, le KPD opéra un virage radical à gauche autour d'Ernst Thälmann. Se concentrant essentiellement sur son « ennemi principal », le SPD (*Sozialdemokratische Partei Deutschlands* : Parti Socialiste Allemand), et en méconnaissance totale des données politiques de l'époque, il traita ses membres de « sociaux-fascistes ». Au fond, il s'agissait pour les communistes allemands de se soumettre aux communistes soviétiques, ce contre quoi une minorité de membres du KPD, dont mon père, s'éleva avec force. Jusqu'en 1931, il fut membre du KPO (*Kommunistische Partei Opposition* : Parti d'Opposition Communiste), puis rejoignit le SAP (*Sozialistische Arbeiter-partei* : Parti Socialiste Ouvrier) nouvellement créé, et à partir de janvier 1933 il travailla dans le journal de ce dernier à Breslau. C'est in extremis qu'il réussit à échapper à son arrestation et à s'enfuir en France.

Pourquoi la France ? Un hasard ! Le chauffeur d'un camion qui prit mon père sur la route allait en France. Un pêcheur l'aida à franchir le Rhin pendant la nuit. C'est ainsi que mon père se retrouva, par une froide journée de mars 1933 à 4 heures du matin, sur la place du marché de Strasbourg. Sans argent, sans papiers en règle, sans connaître un mot de français, sans que ses parents et ses amis ne sachent où il était. Le maire de Strasbourg, également communiste, lui conseilla de quitter le continent. « Sans papiers en règle et sans connaître la langue, tu ne trouveras pas de travail en France », lui dit-il. Quelqu'un lui offrit un billet de bateau pour l'Afrique du Nord. Durant deux ans mon père vécut à Alger. Il y trouva un travail, pour quelque temps seulement, dans un hôpital anglais surtout fréquenté par de riches Anglaises qui désiraient se délester d'un « fardeau ».

**

En 2007, je reçus une invitation de l'Institut Goethe pour faire une tournée de concerts en Algérie. Après mon premier voyage en France, fait sur un coup de tête en 1989, je partis en 1993 pour Paris où je restai quelque temps. Je chantais alors mes chansons en français et j'avais été accueillie plusieurs fois en Afrique avec le musicien français Jean Pacalet.

Peu de temps avant mon départ pour l'Algérie, je découvris dans les écrits posthumes de mon père un journal intime dans lequel il relate son exil commencé à Alger. Au début, il écrivait encore en caractères « Sütterlin » [23]. A mesure qu'il consignait ses notes dans son journal, il passait de plus en plus souvent de l'allemand au français. Je déchiffrai : « Entre deux mondes, l'un mort, l'autre impuissant à naître » - *Zwischen zwei Welten, die eine tot, die andere, unfähig zu werden.* Il faisait par là allusion à la France et à l'Afrique. « La seule chose qu'il y ait ici en abondance, c'est le soleil, ça sent le fruit pourri et l'huile brûlée. J'ai presque perdu toute sensibilité au goût. Je rêve de pain noir et de femmes brunes. Les premières nouvelles d'Allemagne datent de plusieurs semaines... »

Lors de mes concerts à Alger, je lus des extraits de ce journal... Pendant que je chantais, je voyais les mèches blondes de mon père briller sur les marchés arabes, j'entendais son estomac gargouiller dans mes chansons, je voyais son visage parmi les hommes à la peau sombre et les femmes voilées dans le labyrinthe de la casbah. Je voulais que ce film cesse de défiler dans ma tête pour me concentrer sur mes concerts. Cela ne marchait pas. C'est ainsi que dans mes moments de liberté, je me retrouvais avec son journal intime dans le port d'Alger, tentant de me

---

[23] Sütterlin : écriture développée par le ministre prussien Ludwig Sütterlin, également appelée « gothique » ; introduite en Prusse en 1915, elle s'est répandue en Allemagne dans les années 1920 et y a été utilisée jusqu'en 1941.

représenter comment il avait vécu dans ce lieu inhospitalier, sans billet de retour pour l'Europe, sans toit au-dessus de sa tête, sans contact avec ses amis et ses camarades restés au pays.

**

Au bout de deux ans, des quakers anglais l'aidèrent à quitter le pays en lui procurant un billet de bateau pour Marseille. Une fois de retour en France, il partit pour les Pyrénées comme ouvrier agricole. [...]

**

Je ne devais pas tarder à me trouver une nouvelle fois sur les traces de mon père. A l'automne 2010, à l'occasion d'une tournée en France, nous donnâmes un concert dans le cadre du festival « Les Nits de Canço i de Musica » à Eus. Cette localité se trouve à 8 km à peine de la ferme où vécut mon père à partir de 1935.

A la fin du concert, une vieille dame très distinguée vint vers moi et me dit : « Je suis Jamine ». J'avais bien pensé que cette rencontre pouvait se produire et j'en nourrissais un trac terrible. Je connaissais son nom d'après les notes du journal de mon père : « ... En 1934, Pitt et Yvès Krüger furent les premiers à arriver ici, en éclaireurs, dans cette ferme abandonnée depuis des lustres. Leur petite fille, Jamine, trois ans tout juste, est une petite sauvageonne, élevée selon des principes antiautoritaires, qui passe ses journées à vadrouiller avec son chien Marouf (un horrible bâtard rustique) dans cette immense propriété, commettant toutes les bêtises possibles et imaginables. »

J'avais donc devant moi, à Eus, cette « sauvageonne de trois ans », la petite Jamine qu'évoquait mon père dans son journal. En pareille circonstance, je n'ai pas peur d'invoquer l'image de la caresse du manteau de l'histoire. 75 ans après que mon père eut laissé ses traces dans cette région où il était venu en tant qu'émigré, j'étais invitée, moi, sa fille unique, à y donner un concert. Le public était silencieux, très silencieux même, lorsque je racontai cette histoire. [...]

Jamine Noack, née Krüger, a presqu'oublié ses racines allemandes. Elle vit à Prades, tout près d'Eus. Le lendemain de mon concert je découvris dans ses archives une photo de 1936. On y voit ses parents Yvès et Pitt, avec, à côté d'eux, l'homme qui serait mon père onze ans plus tard, et une petite fille, Jamine. La ressemblance traits pour traits entre le visage de la photo et ceux de la vieille dame qui se tient devant moi à Prades est frappante. « J'ai appris à votre père ce que « buddeln » voulait dire en français[24] », me dit-elle fièrement.

Je grimpai le sentier pierreux et escarpé conduisant au « Mas de La Coûme ». Ce lieu, où jadis on avait essayé de vivre en communauté, est aujourd'hui un Centre d'accueil Permanent de stages et de classes-découverte. Rien ne rappelle l'histoire des six émigrés qui espéraient être à l'abri des nazis dans ce lieu retiré du monde. Espoir rapidement déçu, puisque les nazis finirent par occuper le sud de la France. [...]

**

---

[24] Buddeln : fam. pour creuser

Mon père quitta les Pyrénées fin 1937 pour Paris où il trouva du travail et épousa Paulette, la fille d'un ami français dont il était tombé amoureux lors de son premier séjour dans la capitale.

La prise de contact avec ses camarades de la résistance fut difficile. La direction du SAP en exil instruisit le 13 mars 1935, à Paris, une inculpation par contumace contre mon père. Il s'agissait essentiellement de savoir si le Parti l'avait envoyé en exil ou s'il avait fui Breslau sans instruction du Parti et sans que celui-ci en fût averti. La sentence, après procès, contre le camarade Werner Thalheim est datée de 1935, époque où mon père se trouvait à Alger. Véritable illustration de l'obscurantisme et de l'étroitesse d'esprit de l'idéologie stalinienne coupée des réalités, je l'ai trouvée microfilmée dans les archives fédérales.

En 1939, après la déclaration de guerre, il fut emprisonné à Paris par le gouvernement français et livré comme « prestataire » pour être incorporé dans le travail militaire à Saint-Nazaire. En 1940, les troupes allemandes entraient dans Paris. Mon père aurait pu fuir mais, sans papiers, sa vie était sous le joug d'une menace perpétuelle. Il prit alors l'identité d'un Français abattu par les Allemands et se fit appeler Jean Colmar, né le 10.07.1910 à Strasbourg. Arrêté alors qu'il tentait de se procurer un passeport légal au nom de Jean Colmar, il fut déporté le 14 septembre 1940 au camp de concentration de Dachau, ainsi que 126 autres personnes au destin identique.

**

Mes concerts m'avaient déjà conduite sur ce lieu de l'horreur. En 1979, j'y fis un récital que j'ai appelé « Curriculum Vitae ». Mon père était devant moi dans le public, au troisième rang. Sur un écran en fond de scène, on voyait la photo d'un groupe de détenus, des hommes en galoches et en habits rayés de prisonniers : mon père était l'un d'entre eux.

Quatre ans plus tard, il fut libéré du camp de Dachau et envoyé sur le front dans la division Brandenburg [25] à Fribourg/Breisgau. Dans la confusion de « l'offensive des Ardennes » de décembre 1944, il réussit à s'enfuir à vélo, vêtu d'un uniforme volé à un officier SS qui avait été tué. Il rejoignit Leipzig, sa ville natale, sous un déluge de bombes. Caché au milieu de rouleaux de tissu dans la cave d'un ami tailleur, il échappa aux derniers assauts précédant la prise de Leipzig par les Américains en 1945.

La guerre finie, mon père fut chargé de créer la FDGB (*Freier Deutscher Gewerkschaftsbund* : Fédération allemande libre des syndicats ouvriers) en RDA. C'est là qu'il fit connaissance de ma mère. Sa femme française, qui avait appris son internement à Dachau, avait supposé qu'il n'avait pas survécu. Ce n'est qu'à la fin des années 50 que le divorce fut prononcé. […]

**

Dans le portrait que la journaliste Marlies Menge fit de moi dans l'hebdomadaire « Die Zeit », on pouvait lire au détour d'une phrase cette comparaison : « La chanteuse

---

[25] Division Brandenburg : une division d'infanterie motorisée de l'Armée allemande pendant la Seconde Guerre mondiale.

Barbara Thalheim est issue de l'« aristocratie de la RDA ». Son père communiste, antifasciste, fut interné à Dachau. Personne dans la famille Thalheim n'a été nazi »

A l'époque, je trouvai ce rapprochement inconvenant. Et aujourd'hui encore, alors que le retour de l'aristocratie paysanne dans les villages du Brandenbourg et du Mecklenbourg s'affiche à la une des journaux comme un événement positif, je ne la trouve pas plus pertinente. Mais Marlies Menge voulait simplement dire que les origines engendrent parfois des privilèges. La biographie de mon père m'a souvent protégée, notamment au cours des années 1980 lorsque j'étais devenue une artiste rebelle sur le plan politique. Alors, tout compte fait, peut-être que cette comparaison est acceptable.

Mon père est mort en 1994 à Berlin. Ce n'est pas dans ses écrits personnels, mais dans les archives fédérales que j'ai trouvé son manuscrit, une autobiographie de cinq cents pages intitulée *Mon siècle indompté*, dont sont issus les faits relatés dans cet article. Il ne pouvait ou ne voulait pas parler avec moi, sa fille unique, de sa période d'émigration. Peut-être était-ce dû au fait que j'étais incapable de l'écouter, car la France, jusqu'à la chute du Mur, ne m'intéressait pas spécialement.

Sans doute, en plus de l'héritage génétique, y a-t-il aussi une détermination sociale. Comment expliquer autrement que la France, aujourd'hui, fasse partie intégrante de ma vie ? Malheureusement, mon père ne le saura jamais. Cela lui aurait sans doute rendu plus facile l'adieu à son siècle indompté.

Barbara Thalheim

Née en 1947, elle fit ses études au Conservatoire de Musique Hanns Eisler de Berlin et devint dans les années 1970 auteur-compositeur de chansons. Depuis 1993, elle collabore avec le compositeur et accordéoniste français Jean Pacalet. En 1995, elle entame une tournée d'adieu, en 1999 elle revient sur scène. En 2000 paraît son autobiographie *Mugge*. En 2011, à la Foire du Livre de Leipzig, elle présente son ouvrage *Tout est vie avant la mort*, dans lequel elle réunit des textes de chansons, des notes, réflexions et histoires, un livre d'art avec des peintures de Linde Kauert, paru aux Editions Zwiebach.

Traduction Annick Carlier

REMERCIEMENTS POUR LEUR AIDE

Marta et Olivier Bétoin

Nicole Bergé

Norbert Biscons

Laurent Borlau

Barbara Brix

Jean-Luc Carlier

Clara Claus

Claude Fages

Sonia Font

Mike Merten

Claude Poirier

Queti Otero

L'association « Trajectoires »

TABLE

Liste des crédits photographiques

Page 53 : *La Coûme en 1933* ©Queti Otero (cédé par Yvonne Granjon).

Page 54 : *La Coûme à l'époque de Werner* © Barbara Thalheim / *La Coûme en 1950* © Queti Otero (cédé par Yvonne Granjon).

Page 55 : *La Coûme en 2013* © Nicole Bergé / *Peinture représentant la Coûme datant de 1937* © Queti Otero (cédé par Yvonne Granjon)

Page 56 : *Pitt, Veronika, Yvès et Jamine (+ Oshia et Jean-Claude, juillet 1937, prise par Denis Healey)* © Queti Otero (cédé par Yvonne Granjon) / *Les Krüger en 1936* © Queti Otero (cédé par Yvonne Granjon).

Page 57 : *Pitt, Yvès et dames Quaker anglaises* © Queti Otero (cédé par Yvonne Granjon) / *Werner derrière la petite Jamine et Pitt à sa droite* © Barbara Thalheim.

Page 58 : *Elvi & Werner Thalheim après la guerre lors d'une visite à Berlin* © Barbara Thalheim / *Werner avec sa fille Barbara en 1950* © Barbara Thalheim.

Page 59 : *Attestation de sortie du camp de concentration de Dachau* © Barbara Thalheim / *Werner Thalheim en 1938* © Barbara Thalheim.

Page 60 : *Werner Thalheim retraité, en 1987 sur l'île d'Usedom* © Barbara Thalheim / *Barbara Thalheim aujourd'hui* © Barbara Thalheim.

Page 61 : *Yvès en 1970* © Queti Otero (cédé par Yvonne Granjon) / *Yvès plus âgée* © Queti Otero (cédé par Yvonne Granjon).

Page 62 : *Pitt en 1970* © Queti Otero (cédé par Yvonne Granjon) / *Pitt plus âgé* © Queti Otero (cédé par Yvonne Granjon).

L'histoire
aux éditions L'Harmattan

Dernières parutions

ESSAIS D'HISTOIRE GLOBALE
Sous la direction de Chloé Maurel ; Préface de Christophe Charle
L'histoire globale est une approche novatrice qui transcende les cloisonnements étatiques et les barrières temporelles et promeut un va-et-vient entre le local et le global. Développé depuis plusieurs années aux États-Unis, ce courant connaît un essor récent en France. Voici un tour d'horizon varié des travaux récents en histoire globale (concernant l'abolition de l'esclavage, l'histoire du livre et de l'édition, des revues et celle des organisations internationales).
(23.00 euros, 226 p.)
ISBN : 978-2-336-29213-7, ISBN EBOOK : 978-2-296-53077-5

VERS UN NOUVEL ARCHIVISTE NUMÉRIQUE
Ouvrage collectif coordonné par Valentine Frey et Matteo Treleani
La réinvention permanente apportée par le numérique suscite de nombreux débats. Notre rapport à la mémoire et à l'histoire, longtemps basé sur l'objet matériel et sa conservation physique, est à présent bouleversé. Les techniques ont beaucoup évolué, apportant de nouvelles problématiques, dans le domaine de l'informatique comme celui des sciences humaines. Quelles tensions entre technique et mémoire ? Comment se souvenir du passé à travers ses vestiges ? Que change le numérique ?
(Coll. Les médias en actes, 22.00 euros, 224 p.)
ISBN : 978-2-336-00174-6, ISBN EBOOK : 978-2-296-53103-1

MENSONGES (LES) DE L'HISTOIRE
Monteil Pierre
Chaque génération hérite des *a priori* et des idées reçues de la génération précédente. Ainsi, nombreux sont les mensonges de l'Histoire qui ont survécu jusqu'à nos jours. Nos ancêtres les Gaulois ? Napoléon était petit ? Au Moyen Age, les gens ne se lavaient pas ? Christophe Colomb a découvert l'Amérique ? Ce livre revient sur 80 poncifs considérés par beaucoup comme une réalité...
(Coll. Rue des écoles, 28.00 euros, 282 p.)
ISBN : 978-2-336-29074-4, ISBN EBOOK : 978-2-296-51351-8

FLAVIUS JOSÈPHE – Les ambitions d'un homme
Cohen-Matlofsky Claude
Quelles furent les ambitions cachées de Flavius Josèphe, historien Juif de l'Antiquité ? Il prône, à travers ses écrits, le retour à la monarchie de type hasmonéen, à savoir d'un roi-grand prêtre, comme réponse à tous les maux de la Judée. La question fondamentale est la suivante : comment les élites locales

ont-elles géré leurs relations avec la puissance romaine et quel rôle les membres de l'élite ont-ils assigné à leurs traditions et constitution politique dans cet environnement d'acculturation ?
(Coll. Historiques, série Travaux, 15.50 euros, 152 p.)
ISBN : 978-2-336-00528-7, ISBN EBOOK : 978-2-296-51387-7

MER (LA), SES VALEURS
Groupe «Mer et valeurs» Sous la direction de Chantal Reynier – Préface de Francis Vallat
La mer, plus que jamais, est la chance des hommes et la clef de leur avenir. Elle leur apprend la responsabilité, suscite l'esprit d'initiative, mais elle oblige tout autant à rester humble devant ses forces naturelles. Le groupe de réflexion «Mer et Valeurs», réunissant navigants et universitaires, examine l'influence de ces valeurs rapportées à toutes les activités humaines. Des références historiques et géographiques illustrent le développement intellectuel et économique des pays qui se sont tournés vers la mer.
(21.00 euros, 188 p.)
ISBN : 978-2-336-00836-3, ISBN EBOOK : 978-2-296-51412-6

MÉTAMORPHOSES RURALES
Philippe Schar : itinéraire géographique de 1984 à 2010
Sous la direction de Dominique Soulancé et Frédéric Bourdier
Philippe Schar était convaincu que la géographie ne saurait exister sans la dimension du temps et la profondeur de l'histoire, seules capables de mettre pleinement en lumière le présent et de le restituer dans toutes ses dimensions. On retrouve en filigrane dans ses recherches concises et pointues la volonté de replacer les opérations de développement à l'interface des logiques promues par les décideurs d'un côté et par les populations de l'autre. Cet ouvrage présente une sélection de ses écrits.
(33.00 euros, 320 p.)
ISBN : 978-2-296-99748-6, ISBN EBOOK : 978-2-296-51501-7

POUVOIR DU MAL
Les méchants dans l'histoire
Tulard Jean
L'Histoire n'est pas une magnifique suite d'actions héroïques et de gestes admirables. Sans le Mal pas d'Histoire. Et il faut l'avouer, les méchants sont les personnages les plus fascinants de la saga des peuples. En voici treize, présentés à travers des dramatiques interprétées jadis sur les ondes. Treize portraits où l'on retrouve méchants célèbres comme Néron ou Beria et héros insolites comme Olivier Le Daim ou le prince de Palagonia. Ils illustrent le pouvoir du Mal.
(Coédition SPM, 25.00 euros, 270 p.)
ISBN : 978-2-917232-01-9, ISBN EBOOK : 978-2-296-51010-4

VIES (LES) DE 12 FEMMES D'EMPEREUR ROMAIN
Devoirs, intrigues et voluptés
Minaud Gérard
Grâce à un méticuleux travail de recherche se redéploie ce que furent les vies de 12 femmes d'empereur et leur influence, non seulement sur leur mari mais aussi sur

le destin de Rome. Les pires informations se mêlent. Un amour maternel allant jusqu'à l'inceste, un amour conjugal virant au meurtre, un amour du pouvoir justifiant tout. D'un autre côté, un sens du devoir exceptionnel, une habileté politique remarquable, un goût du savoir insatiable.
(34.00 euros, 332 p.)
ISBN : 978-2-336-00291-0, ISBN EBOOK : 978-2-296-50711-1

MONDE (LE) DES MORTS
Espaces et paysages de l'Au-delà dans l'imaginaire grec d'Homère à la fin du Ve siècle avant J.-C.
Cousin Catherine
Ce livre propose d'étudier l'évolution des conceptions que les Grecs ont pu se former des espaces et des paysages de l'au-delà, jusqu'à la fin du Ve siècle avant J.-C. Monde invisible, interdit aux vivants, mais sans cesse présent à leur esprit, les Enfers relèvent pleinement de l'imaginaire. Une comparaison entre productions littéraires et iconographiques enrichit cette étude et laisse entrevoir l'image mentale que les Grecs se forgeaient du paysage infernal.
(Coll. Kubaba, série Antiquité, 39.00 euros, 402 p.)
ISBN : 978-2-296-96307-8, ISBN EBOOK : 978-2-296-50624-4

CORPS ET ÂMES DU MAZDÉEN
Le lexique zoroastrien de l'eschatologie individuelle
Pirart Eric
Selon les conceptions mazdéennes, l'individu posséderait plusieurs types d'âmes. Est-ce vrai ? Et qu'advient-il de telles âmes au-delà de la mort ? De quel sexe sont-elles ? Et le corps ? Pour répondre à de telles questions, Éric Pirart analyse les textes zoroastriens des diverses époques anciennes ou médiévales et y décrypte le lexique de l'eschatologie individuelle.
(Coll. Kubaba, 29.00 euros, 294 p.)
ISBN : 978-2-296-99286-3, ISBN EBOOK : 978-2-296-50580-3

3000 ANS DE RÉVOLUTION AGRICOLE
Techniques et pratiques agricoles de l'Antiquité à la fin du XIXe siècle
Vanderpooten Michel
De la Grèce et la Rome antiques à l'Andalousie arabe, des campagnes gauloises à la France des Lumières et de la Révolution industrielle du XIXe siècle, l'évolution des connaissances et des pratiques agricoles est ici retracée à travers l'étude de près de 4000 documents. Les étapes de la production agricole, à différentes époques, sont étudiées, ainsi que l'entrée de l'agriculture dans l'ère de la chimie et du machinisme.
(Coll. Historiques, série Travaux, 34.00 euros, 332 p.)
ISBN : 978-2-296-96444-0, ISBN EBOOK : 978-2-296-50329-8

ANTIQUITÉ (L') MODERNE
Wright Donald
Ce livre étudie le regard que l'homme de la Belle Époque porte sur l'Antiquité. Il analyse la modernité de la Troisième République et ce que celle-ci doit à une interprétation systématique et scientifique des apports grecs et romains. Au travers

des textes littéraires et scientifiques ainsi que de nombreux documents ensevelis puis retrouvés dans les archives françaises, ce livre est une étude sociologique d'une époque moderne par excellence qui se veut «classique».
(Coll. Historiques, série Travaux, 27.00 euros, 274 p.)
ISBN : 978-2-296-99168-2, ISBN EBOOK : 978-2-296-50407-3

GRANDEUR ET SERVITUDE COLONIALES
Sarraut Albert - Texte présenté par Nicola Cooper
Albert Sarraut fut l'un des maîtres-penseurs du colonialisme de la période de l'entre-deux-guerres. Cet ouvrage de 1931 est l'un des meilleurs exemples de la justification du colonialisme français : il touche à tous les impératifs coloniaux de la France, du tournant du siècle aux débuts de la décolonisation. C'est essentiellement Sarraut qui façonna le langage avec lequel les Français parlaient de leur empire colonial.
(Coll. Autrement mêmes, 24.00 euros, 200 p.)
ISBN : 978-2-296-99409-6, ISBN EBOOK : 978-2-296-50121-8

HOMO SAPIENS (L') ET LE NEANDERTAL SE SONT-ILS PARLÉ EN RAMAKUSHI IL Y A 100000 ANS ?
Paléontologie génétique et archéologie linguistique
Diagne Pathé
Cet ouvrage présente les découvertes qui permettent pour la première fois d'éclairer de manière factuelle la révolution culturelle et linguistique, qui a planétarisé avec l'avènement de la parole de Sapiens, voire de Néandertal, le monothéisme et les cultes bachiques de bonne fortune et de fécondité, à partir de 300000 et 200000 ans av. J.-C. Les faits qui rendent compte de manière précise de cette révolution sont portés par le ramakushi et son vocabulaire comme langage datable matériellement entre 8000 et 10000 ans av. J.-C.
(Editions Sankoré, 14.50 euros, 138 p.)
ISBN : 978-2-296-99334-1, ISBN EBOOK : 978-2-296-50189-8

HISTOIRE DES PEUPLES RÉSILIENTS (Tome 1)
Traumatisme et cohésion VIe-XVIe siècle
Benoit Georges
Ce livre revient sur l'histoire de communautés éparses qui, surmontant le traumatisme de leur naissance improbable, firent preuve de résilience collective. Histoire particulière, marginale, de rescapés et de fuyards qui se prirent en charge pour se sauver, trouvant en eux-mêmes, dans leur cohésion intime, cette énergie qui les hissa au-dessus de l'ordinaire. Histoire de petites sociétés horizontales qui, vivant en périphérie du continent européen, irradièrent au loin jusqu'à se poster en économies-monde, quand la société médiévale, toute pétrie de verticalité hiérarchique, clouait la population au sol.
(Coll. Historiques, série Essais, 23.00 euros, 222 p.)
ISBN : 978-2-296-99201-6, ISBN EBOOK : 978-2-296-50168-3

L'Harmattan Italia
Via Degli Artisti 15; 10124 Torino

L'Harmattan Hongrie
Könyvesbolt ; Kossuth L. u. 14-16
1053 Budapest

L'Harmattan Kinshasa
185, avenue Nyangwe
Commune de Lingwala
Kinshasa, R.D. Congo
(00243) 998697603 ou (00243) 999229662

L'Harmattan Congo
67, av. E. P. Lumumba
Bât. – Congo Pharmacie (Bib. Nat.)
BP2874 Brazzaville
harmattan.congo@yahoo.fr

L'Harmattan Guinée
Almamya Rue KA 028, en face du restaurant Le Cèdre
OKB agency BP 3470 Conakry
(00224) 60 20 85 08
harmattanguinee@yahoo.fr

L'Harmattan Cameroun
BP 11486
Face à la SNI, immeuble Don Bosco
Yaoundé
(00237) 99 76 61 66
harmattancam@yahoo.fr

L'Harmattan Côte d'Ivoire
Résidence Karl / cité des arts
Abidjan-Cocody 03 BP 1588 Abidjan 03
(00225) 05 77 87 31
etien_nda@yahoo.fr

L'Harmattan Mauritanie
Espace El Kettab du livre francophone
N° 472 avenue du Palais des Congrès
BP 316 Nouakchott
(00222) 63 25 980

L'Harmattan Sénégal
« Villa Rose », rue de Diourbel X G, Point E
BP 45034 Dakar FANN
(00221) 33 825 98 58 / 77 242 25 08
senharmattan@gmail.com

L'Harmattan Bénin
ISOR-BENIN
01 BP 359 COTONOU-RP
Quartier Gbèdjromèdé,
Rue Agbélenco, Lot 1247 I
Tél : 00 229 21 32 53 79
christian_dablaka123@yahoo.fr

655124 - Mai 2016
Achevé d'imprimer par

1livre.com
du rêve à la réalité !